유비쿼터스
자기 계발과 창의적 변화와 혁신

유비쿼터스 자기 계발과 창의적 변화와 혁신

ⓒ 이정완, 2024

초판 1쇄 발행 2024년 1월 9일

지은이   이정완
펴낸이   이기봉
편집   좋은땅 편집팀
펴낸곳   도서출판 좋은땅
주소   서울특별시 마포구 양화로12길 26 지월드빌딩 (서교동 395-7)
전화   02)374-8616~7
팩스   02)374-8614
이메일   gworldbook@naver.com
홈페이지   www.g-world.co.kr

ISBN   979-11-388-2653-2 (03190)

이정완 지음

Ubiquitous

유비쿼터스 자기 계발과 창의적 변화와 혁신

Creative Changes

우리는 개인적인 삶의 여러 순간에서 자기 계발과 변화와 혁신을 향한 열망을 갖고 있습니다. 그 열망은 우리가 개인적으로 성장하고, 사회적으로 발전하며, 세상을 더 나은 곳으로 만들 수 있음을 향한 염원이 담긴 것입니다.
_프롤로그 중에서

좋은땅

제2부. 창의적 변화와 혁신(Creative Changes)

프롤로그

우리가 살아가는 세상은 끝없는 변화와 혁신의 연속이라고 말할 수 있습니다. 산업 혁명, 기술 혁신, 사회적 변화, 모든 것이 끊임없이 변화하고 발전하고 있습니다. 우리의 생활, 일상적인 활동, 비즈니스, 그리고 기술도 계속적인 변화와 혁신을 통해 발전하고 있습니다. 이러한 변화와 혁신은 우리의 삶에 직접적인 영향을 미치고, 우리의 개인적인 성장과 발전에도 큰 영향을 미치고 있습니다. 유비쿼터스 시대에 살고 있는 우리에게는 새로운 기술과 정보 접근성은 향상되고 있으나, 경쟁은 더욱더 치열해지고 있습니다. 따라서 자기 계발은 우리가 변화하는 기술과 환경에 대응하고 이러한 변화 속에서 우리를 발전시키는 데 필수적입니다. 우리는 개인적인 삶의 여러 순간에서 자기 계발과 변화와 혁신을 향한 열망을 갖고 있습니다. 그 열망은 우리가 개인적으로 성장하고, 사회적으로 발전히며, 세상을 더 나은 곳으로 만들 수 있음을 향한 염원이 담긴 것입니다. 이러한 열망은 우리가 자기 계발을 지속적으로 추구하고 창의적으로 변화와 혁신을 이끌어 내는 것을 가능하게 합니다.

《유비쿼터스 자기 계발과 창의적 변화와 혁신》은 이러한 유비쿼터스 시대에 살고 있는 우리들이 개인의 지속 가능한 성장과 발전을 위하여, 지속적인 학습과 창의적인 자기 계발, 그리고 창의적 변화와 혁신에 대한 열망을 가진 분들을 위해 집필하였습니다. 이를 위해, 제1부에서는 창의적 생각의 개념과 중요성, 창의성 개발을 위한 환경, 창의성 개발 도구와 기법 등을 설명하였고, 제2부에서는 이러한 창의적 생각을 통한 변화와 혁신의 핵심 원리, 변화와 혁신을 통한 창의적 자기 계발 방법, 그리고 지속적이고 창의적인 자기 계발과 변화와 혁신 전략을 설명하고 있습니다. 자기 계발을 위한 창의적 변화와 혁신은 언제나 도전적인 과정이지만, 우리는 그 도전에 당당히 맞서야 합니다. 우리는 모두 창의적으로 자기 계발할 수 있으며 스스로에게서 변화와 혁신을 이끌어 내는 잠재력을 가지고 있습니다.

이 책을 통해, 우리는 우리 자신의 변화를 환영하고, 창의적으로 생각하며, 혁신적으로 자기 계발을 위해 행동하는 방법을 배우게 될 것입니다. 이 책을 통해, 우리는 지속적인 학습과 성장을 통해 자기 계발의 길을 걸어가며, 창의적인 변화와 혁신을 자연스럽게 우리 일상의 일부로 만들 수 있을 것입니다.

끝으로, 이 책은 독자 분들 개인의 잠재력을 일깨우고, 각자의 잠재력을 최대한 발휘하여, 더 나아진 나 자신, 더 높은 자존감을 가진 사람으로 자신의 미래를 창조하는 데 도움이 되는 도구와 지침을 제공할 것입니다. 이 책을 통해 우리는 창의적인 변화와 혁신을 동반한 지속적인 자기 계발의 여정을 시작하고, 우리 자신과 우리가 속한 사회를 더 아름답게 변화시키는 새로운 모험을 시작할 것입니다. 이 책은 그 여정을 함께 시작하기 위한 출발점이자 길잡이가 되어 줄 것입니다. 독자 분들과 함께 이 책을 통해 지속적인 자기 계발의 길을 걸어가면서, 우리는 모두 창의적 변화와 혁신을 이끌어 낼 수 있는 힘을 키우게 될 것입니다. 행복한 동행, 함께 시작해 봅시다.

제1부

창의적 생각
(Creative Thinking)

제1장

창의적 생각의 기초

제1절. 창의적 생각의 개념과 중요성

창의적 생각은 개인과 조직의 발전에 중요한 역할을 하는 핵심적인 능력 중 하나입니다. 창의적 생각은 문제 해결, 혁신, 자기 계발 등 다양한 측면에서 중요한 역할을 하며, 이를 통해 개인과 조직이 성공을 이룰 수 있습니다. 이 절에서는 창의적 생각의 개념과 중요성에 대해 살펴보겠습니다.

제1항. 창의적 생각의 개념

창의적 생각(창의성)의 개념은 다양한 관점에서 해석될 수 있지만, 주로 새로운 아이디어를 생성하고 문제를 다양한 방법으로 해결하는 능력을 의미합니다. 창의적 생각은 상상력, 비판적 사고, 문제 해결 능력 및 혁신적 생각과 밀접한 관련이 있습니다. 이는 기존의 지식, 경험, 정보를 결합하거나 새로운 방식으로 접근하여 문제를 해결하고 혁신을 이루는 과정을 포함합니다. 창의적 생각은 다음과 같은 특징을 가지고 있습니다.

가. 자유로운 상상력(想像力)

창의적 생각은 자유로운 상상력을 필요로 합니다. 상상력은 새로운 아이디어를 발전시키고 혁신적인 아이디어를 창조하는 데 중요한 역할을 합니다.

나. 독립적인 생각

창의적 생각은 주어진 상황이나 문제에 대해 독립적으로 생각하는 것을 포함합니다. 이것은 기존의 상식에 얽매이지 않고, 다른 사람의 의견이나 아이디어에 영향을 받지 않고 자신만의 아이디어를 발전시키는 것을 의미합니다.

다. 융합(融合)

창의적 생각은 다양한 분야나 개념을 융합하여 새로운 관점을 찾아내는 것을 특징으로 합니다. 이를 통해 다른 분야의 아이디어를 적용하여 혁신적인 결과를 얻을 수 있습니다.

라. 실험(實驗)과 탐구(探究)

창의적 생각은 실험과 탐구를 통해 아이디어를 발전시키는 과정을 포함합니다. 실패와 실험을 통해 배우고, 아이디어를 개선하는 것이 중요합니다.

마. 새로운 관점(觀点)

창의적 생각은 문제를 다른 시각에서 바라보고 새로운 관점을 찾아냅니다.

바. 비판적 사고(思考)

창의적 생각은 기존의 관념을 도전하고, 비판적으로 사고하는 것을 포함합니다. 새로운 방식으로 문제를 접근하려면 기존의 제한적 생각을 넘어서야 합니다.

제2항. 창의적 생각의 중요성

첫째, 창의적 생각은 문제 해결에 중요합니다. 현대 사회에서는 복잡한 문제와 도전에 직면하고 있습니다. 이러한 문제를 해결하기 위해서는 상상력을 발휘하고 기존의 관행에서 벗어나야 합니다. 창의적인 생각을 통해 새로운 해결책을 찾을 수 있으며, 이것은 비즈니스, 정치, 환경 문제, 사회 문제 등 다양한 분야에서 필요한 기술입니다.

둘째, 창의적 생각은 혁신의 핵심입니다. 혁신은 사회, 경제, 기술, 과학 및 문화 분야에서 발전을 이루는 원동력 중 하나입니다. 새로운 제품, 서비스, 기술 및 아이디어를 개발하려면 창의적 생각이 필요합니다. 스티브 잡스, 일론 머스크, 마크 주커버그와 같은 혁신적인 기업가들은 창의적 아이디어와 진취적인 생각을 통헤 혁신을 주도했습니다.

셋째, 창의적 생각은 자기 계발과 연결되어 있습니다. 자기 계발은 개인의 역량을 향상시키고 미래에 대비하는 과정입니다. 창의적 생각은 이러한 자기 계발 과정에서 중요한 역할을 합니다. 자신의 능력과 한계를 인식하고, 새로운 아이디어를 발견하며 성장하기 위해서 창의적인 생각이 필요합니다.

넷째, 창의적 생각은 의사소통 능력을 향상시킵니다. 창의적 생각은 다른 사람에게 아이디어를 효과적으로 전달하고 설득하는 능력을 갖추고 있습니다. 이는 대화, 회의, 협력과 같은 상황에서 중요한 역할을 합니다.

다섯째, 비즈니스 환경에서 창의적 생각은 기업의 경쟁력을 강화하는 데 중요합니다. 새로운 제품, 서비스, 또는 프로세스를 개발하거나 시장에서의 경쟁을 이기기 위해서는 창의적인 발상이 필수적입니다. 기업들은 창의적 생각을 촉진하고 지원하기 위해 직원을 교육하고 유도하는 프로그램을 개발하고 있습니다.

요약하자면, 창의적 생각은 자기 계발과 성공을 위해 중요한 역할을 합니다. 이는 문제 해결, 혁신, 의사소통, 자아 성장, 그리고 변화에 대한 대비 능력을 향상시키는 데 도움을 주는 핵심적인 능력입니다. 따라서 창의적 생각 능력을 향상시키는 것은 자기 계발의 핵심이며, 이를 통해 우리는 더 나은 세상을 구축하고 개인적인 성공을 이룰 수 있을 것입니다.

제2절. 창의적 생각의 핵심 요소 및 특징

　창의적 생각은 새로운 아이디어, 문제 해결 능력, 혁신, 예술과 과학에서의 진보 등 다양한 분야에서 중요하게 작용하는 능력입니다. 창의적 생각의 핵심 요소와 특징은 다양한 측면에서 찾아볼 수 있지만, 이 절에서는 그중 몇 가지를 논의하겠습니다.

가. 호기심(Curiosity)
　창의적 생각의 핵심은 호기심입니다. 호기심은 문제를 해결하고 새로운 아이디어를 발견하기 위한 원동력입니다. 호기심 있는 사람들은 끊임없이 질문하고 탐구하며, 다양한 관점에서 세상을 바라봅니다. 이러한 호기심은 새로운 아이디어를 창조하는 데 중요한 역할을 합니다.

나. 연관성(Association)
　창의적 생각은 다양한 아이디어, 개념 또는 경험을 연결하는 능력을 필요로 합니다. 연관성은 다양한 정보와 개념 사이의 상호 연관성을 찾는 것을 의미합니다. 이러한 연관성을 찾으면, 새로운 아이디어를 발견하거나 문제를 다른 시각에서 해결할 수 있습니다. 다양한 지식 영역을 탐구하고, 이들을 연결시킬 수 있는 능력을 키워야 합니다.

다. 융합적 생각(Combination)
　창의적 생각은 종종 여러 다른 아이디어, 개념 또는 분야를 결합하여 새로운 것을 창조하는 과정을 포함합니다. 융합적 생각은 다양한 지식 영역에서 아이디어를 빌려 와 연결시키는 능력을 의미합니다. 예를 들어, 예술과 과학을 결합하여 예술적인 과학적 발견을 만들어 냅니다.

라. 상상력(Imagination)

창의적 생각은 상상력의 활용을 강조합니다. 상상력은 현실을 벗어나 새로운 아이디어와 솔루션을 시각화하고 개발하는 데 도움을 줍니다. 상상력은 창의적인 아이디어를 현실로 구현하는 핵심 요소 중 하나입니다.

마. 자유로운 생각(Free Thinking)

창의적 생각은 제한되지 않은, 자유로운 생각을 요구합니다. 이것은 편견과 고정관념을 버리고, 다양한 아이디어를 받아들이고 탐구하는 데 중요합니다. 자유로운 생각은 새로운 아이디어와 관점을 개발하는 데 필수적입니다.

바. 열린 마음(Open Mind)

창의적 생각은 열린 마음을 가지고 새로운 아이디어와 관점을 받아들이는 것을 요구합니다. 선입견이 없고 다양한 의견을 수용할 수 있는 태도가 창의성을 촉진합니다. 열린 마음을 가지고 주변의 다양한 경험과 아이디어를 수용하며 학습하는 것이 중요합니다. 자신의 선입견을 극복하고 다른 사람의 관점을 수용하는 능력은 창의적 생각을 발전시키는 데 도움이 됩니다.

사. 다양한 관점(Different Perspectives)

창의적 생각을 위해서는 다양한 관점을 수용하고 다른 사람의 의견을 경청하는 능력이 필요합니다. 이를 통해 새로운 아이디어를 수용하고 다양한 아이디어를 결합하여 혁신적인 해결책을 찾을 수 있습니다. 다양한 분야의 지식을 습득하고 여러 관점을 존중하는 태도를 취하는 것이 중요합니다.

아. 문제 해결 능력(Problem Solving)

창의적 생각은 문제를 해결하기 위한 능력을 강조합니다. 문제 해결은 새로운 방법과 접근법을 발견하고, 이를 통해 현재의 상황을 개선하거나 새로운 가능성을 만들어 내는 과정입니다. 창의적인 생각은 복잡한 문제에 대한 새로운 시각을 제공하며, 이를 통해 혁신을 이룰 수 있습니다.

자. 적극성(Initiative)

창의적 생각은 적극성을 필요로 합니다. 아이디어를 실현하려면 행동으로 옮기는 것이 중요합니다. 적극성을 가지고 자신의 아이디어를 추진하고 실험하면 창의적 생각을 현실로 만들 수 있습니다.

차. 협업(Collaboration)

창의적 생각은 종종 협업과 관련이 있습니다. 다양한 관점과 아이디어를 결합하고 공유하는 것은 창의적인 해결책을 발견하는 데 도움을 줍니다. 협업은 다양한 배경과 기술을 가진 사람들과 협력하여 혁신을 이끌어 내는 데 필수적입니다. 다양한 관점을 듣고 토론을 통해 아이디어를 발전시키며, 팀원들과 협력하여 새로운 프로젝트를 성공적으로 완료하는 것이 중요합니다.

카. 관찰과 명상(Observation and Meditation)

창의적 생각은 주변 환경을 관찰하고 내부적으로 명상하는 시간을 필요로 합니다. 이러한 활동은 마음을 정리하고 새로운 아이디어의 흥미로운 원천을 발견하는 데 도움이 됩니다.

타. 실패 허용(Failure Tolerance)

창의적 생각은 실패를 두려워하지 않는 태도를 요구합니다. 실패는 학습과 성장의 일부로 여겨져야 하며, 실패를 통해 새로운 아이디어와 방법을 개발하고 개선할 수 있습니다. 실패는 단순히 새로운 시도의 결과로 받아들이고, 그로부터 얻는 교훈을 가치 있게 여겨야 합니다. 실패를 허용하는 환경은 창의적 생각을 장려하는 데 중요합니다.

제3절. 창의적 생각을 위한 마음가짐

창의적 생각은 혁신과 성공을 이루는 데 중요한 역할을 합니다. 그러나 창의적 생각을 향상시키기 위해서는 특별한 마음가짐이 필요합니다. 이 절에서는 창의적 생각을 개발하고 향상시키기 위한 마음가짐과 접근 방법에 대해 논의하겠습니다.

가. 열린 마음과 다양한 관점 수용

창의적 생각을 위한 첫 번째 마음가짐은 '열린 마음'입니다. 열린 마음은 새로운 아이디어나 관점을 받아들일 수 있는 능력을 나타냅니다. 예상치 못한 충격적인 아이디어나 의견을 거부하지 말고, 이를 수용하고 이해하려는 태도가 필요합니다.

열린 마음을 가지려면 선입견을 버리고 다양한 의견을 듣고 고려해야 합니다.

나. 호기심 키우기

창의적 생각을 키우기 위한 첫 번째 단계는 호기심을 키우는 것입니다. 호기심은 새로운 아이디어를 탐구하고 새로운 경험을 추구하는 원농력입니다. 새로운 분야에 대한 관심을 가지고 항상 더 알고 싶다는 열망을 유지해야 합니다. 이를 통해 다양한 지식을 습득하고 다양한 시각에서 문제를 바라볼 수 있게 됩니다.

다. 다양한 분야의 지식 습득

창의적인 생각을 키우기 위해서는 다양한 분야의 지식을 습득하는 것이 중요합니다. 다른 분야의 지식을 습득하면 새로운 아이디어를 발견하고 다른 분야의 개념을 자신의 분야에 적용할 수 있습니다. 독서, 강의, 온라인 강좌를 통해 지식을 습득해야 합니다.

라. 탐구 정신 강화

창의적 생각을 위한 또 다른 중요한 요소는 호기심과 탐구 정신입니다. 호기심은 무엇이든 질문하고 탐구하려는 욕망을 의미합니다. 창의적 생각을 위한 탐구 정신은 새로운 지식을 습득하고 문제를 해결하는 과정에서 중요한 역할을 합니다. 자기 계발을 위해 항상 새로운 분야나 기술을 탐구하고 배워야 합니다.

마. 상상력 키우기

상상력은 창의적인 생각의 핵심입니다. 상상력을 키우기 위해 시간을 내어 상상력을 훈련하고 발전시켜야 합니다. 작품을 읽거나 감상하며 상상력을 자극하고, 자유롭게 아이디어를 떠올리는 연습을 하면 도움이 됩니다.

바. 문제 해결 능력 강화

창의적 생각은 문제 해결과 깊게 연관되어 있습니다. 문제에 대한 다양한 관점을 고려하고, 새로운 해결책을 찾는 능력을 키우는 것이 중요합니다. 문제 해결 능력을 향상시키기 위해 퍼즐, 논리 게임, 혹은 디자인 과제를 해결하면 도움이 됩니다.

사. 협력과 토론 강화

창의적 생각은 종종 다른 사람들과의 협력과 팀워크를 통해 발전합니다. 다양한 배경과 전문성을 가진 사람들과 협력하면 다양한 관점을 수용하고 새로운 아이디어를 발굴할 수 있습니다. 또한 팀원들과 소통하며 아이디어를 나누고 피드백을 받는 것은 창의적 생각을 향상시키는 데 도움이 됩니다. 다른 사람의 관점을 존중하고 비판을 받아들이는 마음가짐이 중요합니다.

아. 인내와 실패 수용

창의적 생각은 실패와 실수를 통해 성장하는 과정이기도 합니다. 따라서 인내와 실패 수용 능력이 필요합니다. 실패를 두려워하지 말고, 실패로부터 배우고 더 나은 방향으로 나아가기 위해 노력해야 합니다. 인내와 실패 수용은 새로운 아이디어나 프로젝트가 처음에 실패할 수 있음을 이해하고, 계속해서 개선하고 수정하려는 의지와 인내를 의미합니다. 이것이 창의적 생각의 핵심입니다.

자. 지속적인 학습과 성장

창의적 생각을 위한 마음가짐의 마지막은 지속적인 학습과 성장입니다. 새로운 지식과 기술을 학습하며 자기 계발을 지속적으로 추구해야 합니다. 지식의 확장은 창의적 생각의 연료가 됩니다. 또한 자기 성장을 위해 목표를 설정하고 계획을 세우며 노력하며 발전하도록 노력해야 합니다. 지속적인 학습과 개발은 창의적 생각의 핵심이며 끊임없는 발전을 이룰 수 있도록 돕습니다.

요약하자면, 창의적 생각을 키우기 위해서는 열린 마음, 호기심, 인내, 협력, 그리고 지속적인 학습과 성장이 필요한 마음가짐입니다. 이러한 마음가짐을 가지고 일상생활과 업무에 적용하면 창의적 생각을 향상시키고 새로운 아이디어를 발굴할 수 있을 것입니다. 자기 계발을 통해 이러한 마음가짐을 강화하고 창의적 생각을 더욱 발전시켜야 합니다.

제4절. 창의적 생각과 자기 계발

우리는 끊임없이 변화하고 발전하는 세계에서 살아가고 있으며, 이에 발맞추기 위해서는 스스로를 계발하고 향상시키는 노력이 필수적입니다. 이 절에서는 창의적 생각을 통한 자기 계발의 중요성에 대해 논의하고 그 의의를 살펴보겠습니다.

제1항. 자기 계발

가. 자기 계발의 개념

자기 계발은 개인이 지식, 기술, 태도, 신체 건강, 정신 건강 등 다양한 영역에서 스스로를 향상시키는 과정을 말합니다. 자기 계발은 우리의 잠재력을 최대한 활용하고 개선하는 것을 의미합니다. 이것은 단순히 취업 기회를 확장하는 것 이상으로, 개인의 삶을 더 풍부하고 의미 있는 것으로 만들어 줍니다. 자기 계발은 우리가 자신을 이해하고 개선하며, 미래에 대비하여 성장하는 것을 의미합니다.

나. 창의적 생각의 역할

창의적 생각은 자기 계발의 핵심 요소 중 하나입니다. 창의적으로 생각하는 능력을 향상시키면 문제 해결, 의사 결정, 목표 설정, 스트레스 관리 등 다양한 자기 계발 영역에서 긍정적인 결과를 얻을 수 있습니다. 창의적 생각은 새로운 아이디어를 발견하고 이를 혁신적인 방식으로 적용하는 데 도움을 줍니다. 또한, 문제 해결 능력을 향상시키고 새로운 기술을 습득하려는 의지를 높일 수 있습니다.

다. 창의적 생각과 자기 계발의 연관성

창의적 생각은 자기 계발의 핵심 요소 중 하나입니다. 창의적 생각은 미래의 도전에 대비하고 새로운 아이디어를 발견하며, 문제 해결과 혁신을 촉진하는 데 필수적입니다. 창의성은 단순한 반복적인 학습을 벗어나, 새로운 아이디어와 관점을 개발하며, 기존의 경험을 활용하여 더 나은 자기 자아를 발견하는 데 도움을 줄 수 있습니다. 이와 같이, 자기 계발과 창의적 생각은 서로 긴밀하게 연결되어 있으며, 창의적 생각을 통해 자신의 잠재력을 최대한 발휘할 수 있습니다. 자기 계발은 창의적 생각을 향상시키고, 창의적 생각은 자기 계발을 촉진시킵니다. 창의적 생각을 통해 문제 해결 능력과 창의성을 향상시키면 자기 계발이 더욱 효과적으로 진행됩니다.

제2항. 창의적 자기 계발

가. 창의적 자기 계발의 요소

창의적 자기 계발을 실현하기 위해서는 다음과 같은 몇 가지 중요한 요소가 필요합니다.

(가) 자기 인식과 목표 설정: 자신을 잘 이해하고 어떤 분야에서 성장하고자 하는지 명확한 목표를 설정합니다. 자신의 강점과 약점을 인식하고 개선할 부분을 파악합니다.

(나) 호기심과 탐구 정신: 새로운 지식을 탐구하고 배우는 데 호기심을 가지며, 새로운 경험과 아이디어를 탐색합니다.

(다) 창의적 생각: 문제 해결을 위해 창의적인 방법을 고안하고, 주어진 상황에서 창의적으로 접근합니다.

(라) 지속적인 학습: 자기 계발은 지속적인 학습과 향상을 포함합니다. 새로운 지식을 습득하고 늘 새로운 도전에 도전합니다.

나. 창의적 자기 계발의 단계

창의적 자기 계발을 실현하기 위해서는 다음과 같은 단계를 따를 수 있습니다.

(가) 목표 설정과 계획: 무엇을 달성하고자 하는지 목표를 설정하고, 그 목표를 달성하기 위한 계획을 세웁니다.

(나) 자기 평가: 현재의 능력과 지식 수준을 평가하고, 어떤 분야에서 성장이 필요한지 파악합니다.

(다) 자기 교육: 새로운 스킬을 배우거나 기존 지식을 개선하기 위해 교육 자료와 도구를 활용합니다.

(라) 창의적 생각과 실험: 새로운 아이디어를 발굴하고, 실험을 통해 자신의 경험을 확장시키며 창의적인 해결책을 찾아냅니다.

(마) 피드백과 조정: 계발 과정 중에 얻은 피드백을 토대로 계획을 조정하고 개선합니다.

다. 창의적 자기 계발의 이점

창의적 자기 계발은 다양한 혜택을 제공합니다. 이러한 혜택은 개인적인 성장뿐만 아니라 직업적인 성공에도 영향을 미칩니다. 몇 가지 주요 혜택은 다음과 같습니다.

(가) 자신감 향상: 성공적인 자기 계발을 통해 자신에 대한 자신감이 향상되고, 어려운 과제에 대한 동기와 자신감을 얻을 수 있습니다.

(나) 새로운 기회 개척: 창의적 자기 계발은 새로운 기회를 창출하고, 새로운 경로를 개척할 수 있는 능력을 키울 수 있습니다.

(다) 문제 해결 능력 향상: 창의적 자기 계발은 복잡한 문제를 해결하고, 독창적인 해결책을 찾을 수 있는 능력을 향상시킵니다.

(라) 자기 만족도 증가: 개인적인 성장과 성취감은 자기 만족도를 높이고, 더 나은 삶의 질을 추구할 수 있게 합니다.

(마) 경력 개발: 자기 계발은 직업적 성공을 돕는 중요한 도구입니다. 새로운 기술을 익히고 지식을 갱신함으로써, 직업적 경쟁력을 높일 수 있습니다.

(바) 스트레스 관리: 자기 계발은 스트레스 관리에도 도움을 줄 수 있습니다. 새로운 기술을 습득하고 문제 해결 능력을 향상시키면 어려운 상황에 대처하는 데 도움이 됩니다.

제3항. 창의적 생각과 자기 계발 전략

가. 비전 설정

창의적 생각의 지속 가능한 개발 전략은 비전 설정에서부터 시작합니다. 비전은 조직이나 개인이 원하는 지속 가능한 미래의 모습을 묘사하는 것입니다. 이 비전은 환경, 경제, 사회적 요소, 기술적 발전 등을 고려하여 개발되어야 합니다. 이 비전은 창의적 생각의 중심이 되며, 목표와 방향을 제시합니다.

나. 다양성 촉진

창의적 생각을 촉진하기 위해서는 다양성이 필요합니다. 다양한 배경, 경험, 관점을 가진 사람들과 협력하고, 다양한 의견을 수용하는 문화를 조성해야 합니다. 이를 통해 다양한 아이디어와 관점을 수용하고, 창의적인 해결책을 찾을 수 있습니다.

다. 기술과 혁신 활용

기술과 혁신은 창의적 생각의 핵심입니다. 새로운 기술과 혁신을 활용하여 문제를 해결하고, 지속 가능한 개발을 실현할 수 있습니다. 이를 위해서는 연구와 개발에 투자하고, 새로운 기술과 아이디어를 탐구하며, 실험적인 방식으로 접근해야 합니다.

창의적 자기 계발은 우리의 삶을 더 풍요롭게 만들기 위한 중요한 요소 중 하나입니다. 창의적 생각과 학습, 목표 설정, 자기 평가, 그리고 지속적인 혁신이 창의적 자기 계발을 위한 중요한 단계입니다. 이러한 원칙에 따라 창의적 생각을 키우고 자기 계발을 추진함으로써 우리는 더 나은 미래를 구축하고 우리 자신과 주변 사람들에게 긍정적인 영향을 미칠 수 있습니다.

제2장

창의적 생각을 위한 환경

제1절. 창의적인 작업 환경 구축

창의적인 생각을 촉진하기 위해서는 적절한 작업 환경을 구축하는 것이 중요합니다. 이 절에서는 창의적 생각을 촉진하기 위한 작업 환경을 어떻게 구축할 수 있는지에 대해 논의하겠습니다.

제1항. 창의성과 작업 환경의 상호 작용

창의성은 작업 환경과 밀접한 관련이 있습니다. 작업 환경은 창의적 생각을 촉진하거나 억누르는 역할을 할 수 있습니다. 예를 들어, 편안하고 조용한 장소는 집중력을 높이고 창의성을 촉진할 수 있습니다. 반면, 다양한 자극과 아이디어가 공유되는 환경은 다양한 관점에서의 아이디어를 유발할 수 있습니다.

가. 작업 환경의 중요성

창의적 생각은 우리의 뇌가 자유롭게 연상하고 혁신적인 아이디어를 발전시킬 수 있는 상태에서 나타납니다. 이를 위해서는 작업 환경이 다음과 같은 요소를 반영해야 합니다.

(가) 자극을 유발하는 환경: 창의적 생각을 유발하기 위해 자극적인 환경이 필요합니다. 이것은 다양한 예술 작품, 자연의 아름다움, 문화적 다양성 등을 포함합니다. 작업 공간 주변에 예술 작품, 사진, 색감, 미술관 방문 등을 통해 자극적인 환경을 조성할 수 있습니다. 환경이 다양한 시각과 아이디어를 촉발하면 창의성을 향상시킬 수 있습니다.

(나) 편안한 환경: 작업 환경은 편안해야 합니다. 편안한 의자와 책상, 적절한 조명, 온도, 습도 등이 창의적 생각에 도움을 줍니다. 편안한 환경에서 일할 때 불필요한 스트레스와 불편함을 제거하고 마음의 평안을 유지합니다.

(다) 자유로운 공간: 창의적 생각을 위한 작업 환경은 자유로워야 합니다. 좁은 공간이나 강요된 규칙은 창의적 생각을 억누를 수 있습니다. 개인의 공간과 자유로운 시간 관리가 가능한 환경을 조성해야 합니다.

나. 작업 환경의 구성 요소

(가) 공간: 작업 환경의 공간은 창의적 생각을 위한 핵심입니다. 개인적인 작업 공간, 팀 협업 공간, 조용한 독서 공간 등 다양한 공간을 활용하여 창의적 아이디어를 발전시킬 수 있습니다.

(나) 자극물: 창의적 생각을 촉진하기 위해 다양한 자극물이 필요합니다. 그림, 사진, 음악, 색상, 아이디어 보드, 흥미로운 책 등이 창의성을 불러일으키는 데 도움을 줄 수 있습니다.

(다) 기술과 도구: 최신의 기술과 도구를 활용하여 작업 환경을 최적화할 수 있습니다. 컴퓨터 소프트웨어, 협업 도구, 창의성을 위한 앱 등을 활용하여 생산성을 향상시킬 수 있습니다.

제2항. 창의적 생각을 위한 작업 환경의 구축 방안

창의적 생각을 위한 작업 환경을 구축하기 위해서는 몇 가지 단계를 따르면 도움이 됩니다.

가. 공간 조성

일단 편안하고 자극적인 작업 공간을 조성합니다. 책상, 의자, 조명, 예술 작품, 식물 등을 활용해 공간을 디자인합니다. 작업 공간이 개인의 취향과 스타일을 반영하면 창의적인 아이디어를 더 쉽게 발굴할 수 있습니다. 창의적 생각을 위한 작업 환경을 구축할 때, 다음과 같은 사항을 고려할 수 있습니다.

(가) 개별 작업 공간: 개인의 공간을 마련하여 집중할 수 있도록 합니다.

(나) 공동 작업 공간: 다른 사람들과 협업하고 아이디어를 공유할 수 있는 환경을 마련합니다.

(다) 자연광 활용: 창문이 있는 환경이 혼란을 줄이고 창의성을 높일 수

있습니다.

나. 도구와 기술 활용

창의적 생각을 지원하는 도구와 기술을 활용합니다. 컴퓨터, 그림 용품, 연구 도구, 음악 장비 등을 효과적으로 활용하여 아이디어의 시각화와 고도화를 돕습니다. 창의적 생각을 돕기 위해 다음과 같은 다양한 도구와 기술을 활용할 수 있습니다.

(가) 디지털 도구: 아이디어 관리 앱, 디자인 소프트웨어, 프로젝트 협업 도구를 활용하여 생각을 기록하고 공유합니다.

(나) 노트북 또는 태블릿: 이동하면서 작업하거나 필요한 정보를 쉽게 검색할 수 있도록 합니다.

(다) 프로젝터 또는 대화형 화면: 그룹 활동에서 아이디어를 시각화하고 공유할 수 있도록 합니다.

다. 자기 관리

(가) 시간 관리: 창의적 생각을 위한 시간을 확보합니다. 일정을 조정하여 정해진 시간에 창의적인 작업을 할 수 있도록 합니다. 또한, 정기적인 휴식과 운동을 통해 뇌를 활성화하고 창의적 생각을 촉진합니다.

(나) 스트레스 관리: 스트레스를 관리하여 마음의 여유를 유지하고 창의적 생각을 높입니다.

(다) 자기 동기 부여: 목표와 비전을 가지고 작업하는 데 도움이 되는 자기 동기 부여 방법을 찾습니다.

창의적 생각을 촉진하기 위한 작업 환경을 구축하는 것은 중요한 과제입니다. 공간, 도구와 기술, 물리적 활동, 자기 관리 등을 고려하여 창의적 생각을 위한 작업 환경을 구축하면 창의성을 향상시키고 혁신적인 아이디어를 발굴하는 데 도움이 될 것입니다. 개인의 스타일과 성향에 맞는 작업 환경을 구축하고 창의적 생각을 지속적으로 유지하고 발전시키면 개인 및 조직의 성공을 촉진할 수 있을 것입니다.

제2절. 습관과 생활 방식의 변화

창의적 생각을 개발하고 유지하기 위해서는 습관과 생활 방식의 변화가 필수적입니다. 우리의 일상 습관과 생활 방식을 조금만 바꾸면 창의적 생각 능력을 향상시키고 새로운 아이디어를 발굴하는 데 도움을 줄 수 있습니다. 이 절에서는 창의적 생각을 촉진하기 위한 습관과 생활 방식의 변화에 대해 논의하겠습니다.

가. 아침 일상의 재구성

아침 시간은 창의적인 생각을 시작하는 좋은 시간입니다. 아침 일상을 재구성하여 조용하고 고요한 시간을 확보해야 합니다. 스마트폰을 덜 만지고, 명상이나 스트레칭을 통해 마음과 몸을 진정시키는 습관을 만들어야 합니다. 아침에 이렇게 시작하면, 마음이 평온해지고 창의적 생각을 하기 좋은 상태로 들어갈 수 있습니다.

나. 새로운 경험을 적극적으로 추구하기

창의적 생각을 촉진하기 위해 새로운 경험을 적극적으로 찾아나서야 합니다. 새로운 장소를 방문하거나 새로운 취미나 활동에 도전해보는 것이 좋습니다. 이러한 경험은 새로운 아이디어를 유발하고 창의적 생각을 활성화시킬 수 있습니다. 새로운 환경에서 새로운 아이디어가 탄생하므로, 일상생활에 변화를 주는 것이 중요합니다.

(가) 여행: 다른 문화와 환경을 경험하면 새로운 관점을 얻을 수 있습니다.

(나) 새로운 취미 찾기: 다양한 취미를 통해 새로운 관심사를 발견하고 창의적인 아이디어를 확장할 수 있습니다.

(다) 예술 작품 감상: 예술과 창의성은 서로 긴밀하게 연결되어 있습니다. 음악, 미술, 연극 등 예술을 통해 자신의 감정을 표현하고 창의적 아이디어를 발전시킬 수 있습니다.

다. 다양한 사람들과 대화하기

창의적 생각을 위해 다양한 사람들과 대화하는 것은 중요합니다. 다른 사람의 관점을 듣고 새로운 아이디어를 얻을 수 있습니다. 네트워크를 확장하고 다양한 분야의 전문가와 소통하는 습관을 가질수록 창의적 생각이 더욱 풍부해질 것입니다.

라. 꾸준한 독서와 학습

창의적 생각은 지속적인 학습과 지식의 확장을 통해 발전합니다. 새로운 기술, 분야, 언어를 배우는 것은 창의성을 키우는 데 도움이 됩니다. 창의적 생각을 위해 지식을 확장하고 업데이트하는 것이 중요합니다. 독서와 학습 습관을 향상시키기 위해 다음과 같은 방법을 고려할 수 있습니다.

(가) 다양한 주제의 독서: 다양한 주제의 책을 읽으면 다양한 지식과 관점을 얻을 수 있습니다.

(나) 온라인 강의와 웹사이트 활용: 인터넷을 통해 수많은 학습 리소스에 접근할 수 있으며, 새로운 기술과 아이디어를 습득할 수 있습니다.

마. 문제 해결에 집중

창의적 생각은 종종 문제를 해결하려는 의지에서 비롯됩니다. 어떤 문제든 그것을 해결하려는 집중력을 기를 수 있습니다. 새로운 시각에서 문제를 바라보고 다양한 해결책을 고려하는 습관을 가져야 합니다.

바. 시간 관리 및 휴식

창의적 생각을 위해 시간 관리가 중요하지만, 휴식 또한 필수입니다. 몰입한 작업을 하고 집중하면서도 정기적인 휴식을 통해 두뇌에 충분한 휴식을 제공해야 합니다. 창의적 생각은 피로한 상태에서는 촉진되기가 어려울 수 있습니다.

사. 건강 관리 강화

마지막으로, 스스로를 돌봐야 합니다. 건강한 식사, 충분한 운동, 충분한 수면은 창의적 생각을 지원하는 핵심입니다. 몸과 마음을 건강하게 유지하는 것이 창의적 능력을 향상시키는 데 큰 역할을 합니다.

창의적 생각을 위해 습관과 생활 방식을 조절하는 것은 중요한 과제입니다. 우리의 삶은 끊임없는 변화와 진화의 과정이며, 창의적 생각은 이러한 변화에 부응하고 발전시키는 것입니다. 따라서 우리는 습관과 생활 방식을 변화시키고 창의성을 키우는 것을 적극 고려해야 합니다. 아침 일상의 재구성, 뉴스 및 소셜 미디어 사용 줄이기, 다양한 경험과 대화, 집중과 시간 관리, 그리고 스스로를 돌보는 습관을 통해 창의적 생각 능력을 향상시킬 수 있습니다. 이러한 변화들은 창의성을 키우고 새로운 아이디어를 발굴하는 데 도움을 줄 것입니다.

제3절. 창의적 커뮤니케이션과 협업 확대

창의적 생각을 촉진하고 발전시키기 위한 핵심 요소 중 하나는 커뮤니케이션과 협업입니다. 이 절에서는 왜 커뮤니케이션과 협업이 창의적 생각을 향상시키는 데 중요한지에 대해 탐구하고, 이러한 요소를 확대하는 방법에 대해 논의하겠습니다.

제1항. 커뮤니케이션의 중요성

창의적 아이디어와 생각은 개별 노력만으로는 한계가 있습니다. 커뮤니케이션은 다양한 아이디어와 관점을 공유하고 이를 조합하여 창의성을 확장시키는 역할을 합니다. 아래는 커뮤니케이션의 중요성을 강조하는 몇 가지 요소입니다.

가. 아이디어 공유와 발전

창의적 생각은 다양한 아이디어와 관점을 결합하고 발전시키는 결과입니다. 팀원 간의 효과적인 커뮤니케이션은 아이디어를 공유하고 피드백을 주고받는 과정을 원활하게 만듭니다. 이를 통해 아이디어는 풍부해지고 발전할 수 있습니다.

나. 문제 해결

현실 세계의 문제를 해결하기 위해서는 다양한 분야의 전문가와 협력할 필요가 있습니다. 이를 위해 협업 능력이 중요하며, 효과적인 협업은 문제 해결에 큰 도움을 줍니다.

다. 다양성과 혁신

창의적 생각은 다양한 배경과 경험을 가진 사람들이 함께 논의하고 아이디어를 형성하는 과정에서 발생합니다. 팀원 간의 다양성을 존중하고 적극적으로 활용하는 것이 혁신을 이끌어 냅니다.

라. 피드백 제공

피드백은 아이디어를 향상시키는 핵심 요소 중 하나입니다. 커뮤니케이션을 통해 동료나 팀원으로부터 피드백을 받고 적극적으로 수용하면 아이디어를 발전시킬 수 있습니다.

제2항. 협업의 역할

가. 다양한 역량 결합

창의적 아이디어를 발전시키려면 다양한 분야의 전문가와 협력해야 합니다. 협업을 통해 다양한 역량과 관점을 결합할 수 있으며, 이는 새로운 아이디어와 해결책의 발견을 촉진합니다.

나. 아이디어 시너지

협업은 아이디어들을 조합하고 개선하는 과정에서 아이디어 시너지를 발생시킵니다. 다양한 관점과 아이디어가 충돌하고 결합함으로써 새로운 창의적 솔루션을 창조할 수 있습니다.

제3항. 커뮤니케이션과 협업 확대 방법

가. 개방적인 의사소통 환경 조성

조직이나 팀에서 열린 소통 환경을 조성해야 합니다. 모든 구성원이 자유롭게 의견을 표현하고 아이디어를 공유할 수 있는 분위기를 유지하는 것이 중요합니다.

나. 다양성과 포용성 장려

다양한 경험과 배경을 가진 사람들을 포함하는 것은 창의적 생각을 촉진하는 데 중요합니다. 다양성을 존중하고 다양한 의견을 수용하는 문화를 유지해야 합니다.

다. 기술과 도구 활용

현대 기술과 도구는 커뮤니케이션과 협업을 더 효과적으로 만들어 줍니다. 프로젝트 관리 도구, 협업 플랫폼, 온라인 회의 도구 등을 활용하여 작업을 조직하고 정보를 공유할 수 있습니다.

라. 피드백 문화 조성

피드백은 성장과 개선의 핵심입니다. 팀원들은 서로에 대한 피드백을 주고받아 아이디어와 프로세스를 개선할 수 있도록 노력해야 합니다.

마. 역할과 책임 분담

협업은 각자의 역할과 책임을 분명하게 이해하고 수행하는 것이 중요합니다. 이를 통해 혼란을 최소화하고 효율적으로 작업할 수 있습니다.

바. 교육과 훈련 강화

커뮤니케이션 및 협업 스킬은 훈련을 통해 향상시킬 수 있는 능력입니다. 조직은 직원들에게 이러한 스킬을 강화하기 위한 교육과 훈련을 제공해야 합니다.

커뮤니케이션과 협업은 창의적 생각을 촉진하고 향상시키는 핵심 요소입니다. 팀원 간의 효과적인 소통과 다양한 분야의 전문가들과의 협업은 창의적 아이디어를 발전시키고 혁신을 이끌어 냅니다. 이러한 능력을 향상시키기 위해서는 열린 소통, 피드백 문화, 역할과 책임 분담, 그리고 기술과 도구의 활용이 필요합니다. 따라서 이러한 능력을 강화하여 창의적 생각과 혁신을 촉진하는 것이 중요합니다.

제4절. 자기 모험과 학습 증진

자기 모험은 우리가 주어진 상황에서 더 나은 방식으로 문제를 해결하기 위해 내부 도전을 수용하고, 새로운 경험을 추구하는 과정입니다. 학습 증진은 우리가 자신의 지식과 기술을 끊임없이 향상시키고 발전시키는 것을 의미합니다. 이 두 가지는 창의적인 생각과 문제 해결 능력을 향상시키는 데 핵심적인 역할을 합니다. 이 절에서는 자기 모험과 학습 증진의 중요성에 대해 논의하겠습니다.

제1항. 자기 모험 확대

가. 자기 모험의 개념

자기 모험이란 우리 자신의 흥미와 호기심을 충족시키기 위해 새로운 경험을 추구하고, 새로운 도전에 나서는 과정입니다. 이것은 학교나 직장에서 이루어지는 공식적인 학습과는 다르며, 개인적인 욕망과 호기심을 중심으로 학습을 추구합니다. 자기 모험을 통해 우리는 새로운 아이디어와 관점을 개발하며 창의적인 생각의 기반이 됩니다. 이는 자신의 능력, 관심사, 열정, 그리고 한계를 발견하고 개발하는 과정으로 이해할 수 있습니다. 자기 모험은 다음과 같은 특징을 갖고 있습니다.

(가) 자발적: 자기 모험은 개인의 의지와 동기에 의해 시작되며, 외부 압력이나 강제적인 요소가 없습니다.

(나) 개인화: 각 개인은 자신만의 모험을 찾아 나가며, 본인의 성격, 관

심사, 목표에 맞게 모험을 설계하고 수행합니다.

(다) 학습 중심: 자기 모험은 학습을 중심으로 한 과정이며, 새로운 경험을 통해 지식과 기술을 쌓아 가는 것을 강조합니다.

나. 자기 모험의 기반

(가) 호기심과 열정: 자기 모험의 시작은 호기심과 열정에서 비롯됩니다. 호기심은 우리가 세상을 둘러싼 것들을 이해하려는 욕구를 의미하며, 열정은 우리가 그것을 탐구하고 싶어 하는 강한 열망을 나타냅니다. 이 두 가지는 창의적인 생각의 출발점이며, 우리가 문제를 해결하고 새로운 아이디어를 개발하는 원동력이 됩니다.

(나) 기술과 지식 역량: 자기 모험은 또한 실용적인 능력과 지식을 향상시키는 데 도움을 줍니다. 우리는 새로운 기술을 배우고, 새로운 경험을 얻으며, 자신의 역량을 향상시킬 수 있습니다. 이러한 과정을 통해 우리는 창의적인 생각을 뒷받침하는 도구와 자원을 확보할 수 있습니다.

(다) 실험과 실패: 자기 모험은 실험과 실패를 수반할 수 있습니다. 그러나 실패는 창의적 생각의 핵심 부분입니다. 실패를 통해 우리는 어떤 것이 잘못되었는지를 배우고 더 나은 해결책을 찾아낼 수 있습니다. 자기 모험을 통해 우리는 자신의 한계를 시험하고 확장시키는 기회를 얻습니다.

다. 자기 모험의 형태

자기 모험은 다양한 형태로 나타날 수 있습니다. 몇 가지 자기 모험의 예시는 다음과 같습니다.

(가) 여행: 다른 나라를 여행하면서 새로운 문화와 환경을 경험하고 언어와 관습을 배우며 다양한 인사이트를 얻을 수 있습니다.

(나) 취미: 새로운 취미나 기술을 배우는 과정에서 자기 모험을 추구할 수 있습니다.

(다) 독서: 다양한 주제에 대한 독서는 우리의 지식 범위를 확장시키고 새로운 아이디어를 제공합니다.

(라) 연극과 예술: 연극을 통해 배우고 연기하는 과정은 창의성을 촉진하며 표현력을 향상시킵니다.

(마) 요리: 새로운 요리 스타일과 요리법을 배우면서 식문화를 탐구하고 창의적인 요리 레시피를 개발할 수 있습니다.

라. 창의적 생각과 자기 모험의 관계

창의적 생각은 자기 모험을 통해 발전할 수 있는 중요한 능력 중 하나입니다. 자기 모험은 다음과 같은 방식으로 창의적 생각을 촉진합니다.

(가) 새로운 경험: 자기 모험을 통해 새로운 환경, 문제, 또는 아이디어와 접할 기회가 늘어납니다. 이러한 경험은 창의적 생각을 자극하고 다양한 관점을 개발하는 데 도움이 됩니다.

(나) 실패와 극복: 자기 모험은 항상 순조로운 것은 아닙니다. 실패와

어려움을 마주할 수 있지만, 이러한 상황은 성장의 기회가 됩니다. 실패를 받아들이고 극복하는 방법을 배우는 것은 창의적 생각과 문제 해결 능력을 향상시키는 데 도움이 됩니다.

(다) 열정과 동기 부여: 자기 모험은 자신의 열정과 관심사를 추구하고 발전시키는 과정이기 때문에, 개인의 내부 동기를 자극합니다. 열정은 창의적 생각을 뒷받침하며, 문제 해결에 필수적입니다. 자기 모험을 통해 자신의 열망과 관심사를 발견하고 추구함으로써, 창의적 생각을 기를 수 있습니다.

제2항. 학습 증진

가. 학습과 창의성의 상호 작용

학습은 우리의 두뇌를 활성화시키고 지식을 확장시키는 과정입니다. 자기 모험을 통해 얻은 지식은 우리의 능력과 시각을 확장시키며 창의성을 촉진합니다. 새로운 경험과 지식은 문제 해결 능력을 향상시키고 혁신적인 아이디어를 발전시킵니다.

나. 학습 증진의 중요성

학습 증진은 우리의 뇌를 활성화시키고 인생의 풍요로움을 증가시킵니다. 우리는 평생 학습자가 되어야 하며, 학습을 통해 우리의 시야를 넓히고 지식을 확장시킬 수 있습니다. 학습은 새로운 아이디어와 관점을 탐구하는 도구이며, 우리의 창의적 생각을 키우는 데 큰 역할을 합니다.

다. 학습 증진 방법

학습 증진을 위해서는 독서, 온라인 강좌 수강, 워크샵 참석, 그리고 다양한 활동에 참여하는 것이 도움이 됩니다. 또한, 우리의 학습을 정기적으로 평가하고 반성하는 것도 중요합니다.

(가) 지속적인 학습: 창의적 생각을 키우기 위해서는 지식의 계속적인 확장이 필요합니다. 학습 증진은 우리가 새로운 아이디어와 관점을 습득하고 이를 우리의 생각에 통합하는 과정을 의미합니다. 우리가 새로운 주제를 연구하고 다양한 분야에서 지식을 획득함으로써 우리의 창의적 능력을 강화할 수 있습니다.

(나) 다양한 학습 방법 활용: 학습은 다양한 방식으로 이루어질 수 있습니다. 책, 온라인 강의, 직접 경험 등 다양한 학습 방법을 통해 우리는 지식을 획득할 수 있습니다. 또한, 다른 사람들과의 상호 작용과 토론은 우리의 생각을 더욱 풍부하게 만들어 줄 수 있습니다.

(다) 학습과 반성: 자기 모험은 학습을 중심으로 합니다. 새로운 경험을 향상시키고 발전시키기 위해 반성과 학습이 필수적입니다. 경험을 돌아보고 얻은 교훈을 정리하며, 지속적으로 학습을 추구합니다.

제3항. 자기 모험과 학습 증진의 현실적인 활용

가. 일상생활에서의 적용

자기 모험과 학습 증진은 우리의 일상생활에서 쉽게 적용할 수 있습니다. 새로운 취미를 시작하거나 여행을 통해 다른 문화를 경험하는 것은 자기 모험의 한 예입니다. 또한, 새로운 주제에 대해 연구하고 학습하는 것은 학습 증진의 일환입니다.

나. 직업과 창업

자기 모험과 학습 증진은 직업과 창업에서도 중요한 역할을 합니다. 직장에서 새로운 프로젝트를 수행하거나 창업자로서 새로운 비즈니스를 시작할 때, 창의적인 해결책을 찾는 데 도움을 줄 수 있습니다.

자기 모험은 창의적 생각과 학습 증진을 위한 훌륭한 방법입니다. 우리는 자기 모험을 통해 새로운 경험을 쌓고, 지식을 확장시키며 창의성을 개발할 수 있습니다. 호기심, 실험, 실패, 지식의 확장, 그리고 다양한 학습 방법은 우리의 창의적 능력을 향상시키는 데 도움을 주며, 이를 통해 우리는 개인적인 성장과 사회에 혁신을 가져다줄 수 있습니다. 자기 모험과 학습 증진을 우리의 일상생활과 직업에 적용하면, 우리는 창의적인 생각을 촉진하고 미래의 도전에 대비할 수 있는 강력한 도구를 갖게 될 것입니다.

제5절. 실패를 경험하며 성장하기

실패는 우리 인생에서 피할 수 없는 부분입니다. 모든 사람은 어느 순간 실패를 경험하며 삶을 살아가게 됩니다. 그러나 이 실패들은 자주 우리가 가장 큰 성공을 이루어 내는 데 중요한 역할을 합니다. 이 절에서는 우리가 실패를 경험하며 성장하는 과정에 대해 논의하고, 실패를 통해 어떻게 창의적 생각을 발전시키는지에 대해 논의하겠습니다.

제1항. 실패의 개념

가. 실패의 본질

실패란 무엇인가? 실패는 우리가 기대한 결과를 얻지 못하는 것을 나타냅니다. 하지만 이러한 결과는 우리의 역량을 향상시키는 기회로 바꿀 수 있습니다. 실패를 부정적으로만 생각하는 것이 아니라, 실패의 본질을 이해하고 수용하는 것이 중요합니다.

나. 실패의 의미

실패는 종종 부정적으로 인식되지만, 올바르게 다룰 경우 실패는 소중한 경험이 될 수 있습니다. 실패는 우리에게 무엇이 잘못되었는지를 알려주며, 지속적인 성장과 학습을 위한 기회를 제공합니다. 이러한 관점에서 실패를 이해하는 것은 창의적 생각을 촉진하는 첫걸음입니다.

다. 실패의 긍정적 측면

실패는 종종 우리에게 새로운 아이디어와 관점을 제공합니다. 창의적 생각은 실패와 함께 태어날 수 있습니다. 실패에서 배운 교훈을 토대로 새로운 방식으로 문제에 접근하고 창의적인 해결책을 찾을 수 있습니다.

라. 실패와 창의성의 상호 작용

실패는 창의성을 촉진하는 데 도움이 됩니다. 실패를 통해 우리는 새로운 관점을 발견하고 문제를 다르게 접근하는 방법을 배울 수 있습니다. 실패로부터 배움과 도전을 통해 우리는 새로운 아이디어를 발견하고 문제에 대한 새로운 관점을 얻을 수 있습니다. 실패를 경험하며 창의적인 생각을 개발하고 문제를 해결하기 위한 창의적인 솔루션을 찾을 수 있습니다.

제2항. 실패의 역할과 중요성

실패는 종종 부정적인 경험으로 여겨질 수 있지만, 사실은 중요한 역할을 합니다. 실패는 우리에게 다음과 같은 교훈을 제공합니다.

가. 실패는 학습의 기회

실패는 우리가 무엇을 어떻게 해야 하는지를 배우는 과정 중 하나입니다. 실패한 경험을 분석하고 그 원인을 파악함으로써, 우리는 어떤 일이 잘못되었는지를 이해하고 비슷한 상황에서 반복하지 않도록 조치를 취할 수 있습니다.

나. 실패는 자기 성찰의 기회

실패는 우리의 인내력을 테스트합니다. 어떤 목표를 달성하려고 노력하다가 실패하는 것은 힘들지만, 이를 통해 우리는 어떤 목표를 실현하기 위해 얼마나 많은 노력이 필요한지를 깨닫게 됩니다. 이러한 경험은 우리를 더 강하게 만들어 줍니다.

다. 실패는 창의적 생각을 위한 촉매제

실패는 종종 새로운 아이디어와 관점을 개발하는 데 도움이 됩니다. 실패한 후, 우리는 기존의 방법이 효과적이지 않다는 것을 깨닫게 되며, 새로운 방법과 접근법을 모색하게 됩니다. 이러한 탐구는 창의적 생각을 촉진합니다.

라. 실패는 역량을 향상시키는 계기

실패는 우리의 인내와 문제 해결 능력을 향상시키는 계기가 될 수 있습니다. 그렇게 되기 위해서는 실패를 반복해서 경험하며 자신의 약점을 파악하고 이를 극복하는 방법을 찾아야 합니다. 이러한 과정을 통해 창의적 생각과 문제 해결 능력이 향상됩니다.

제3항. 실패를 경험하며 성장하는 과정

가. 실패 원인 분석

실패를 경험했을 때, 실패한 상황을 자세히 분석하고, 왜 그런 결과가 나왔는지를 이해합니다. 우리는 그로부터 어떤 교훈을 얻을 수 있는지 생각해 보아야 합니다. 실패한 이유, 우리의 결정과 행동에 어떤 부분에서 문제가 있었는지를 파악하고, 다음번에는 더 나은 방식으로 접근할 수 있는 방법을 고려해야 합니다. 이러한 과정은 우리의 창의적 생각을 촉진하며, 문제 해결 능력을 향상시킵니다.

나. 새로운 접근 방법 모색

실패를 피하기 위해 새로운 접근 방법을 모색하고 다양한 아이디어를 고려합니다. 이때 창의적 생각이 요구됩니다.

다. 실패를 통한 새로운 도전

실패를 경험하더라도 두려워하지 말고 새로운 도전에 나서야 합니다. 실패를 두려워하면 새로운 아이디어나 프로젝트를 시도하지 않게 되며 창의적인 생각이 제약됩니다. 도전을 통해 실패를 경험하면서 성장하고, 다음번에는 더 나은 결과를 얻을 수 있습니다.

라. 실패를 통한 학습과 성장

실패로부터 얻은 경험과 교훈을 토대로 성장한 우리는 보다 효과적으로 문제를 해결하고 성공을 이룰 수 있습니다. 창의적 생각과 성장은 성공의 핵심 구성 요소이며, 실패는 이러한 요소들을 발전시키는 과정의 일부입니다.

제4항. 실패에 대한 긍정적 태도 형성

가. 실패를 기회로 바라보기

실패는 우리가 더 나아지기 위한 기회입니다. 창의적인 생각을 키우기 위해서는 실패를 피할 수 없다는 것을 받아들이고, 실패를 경험한 뒤 얻는 교훈을 소중히 여겨야 합니다. 실패는 우리에게 어떤 것이 잘못되었는지를 알려 주는 지침서입니다. 실패를 긍정적으로 바라보고, 그것으로부터 배운 것을 다음 시도에 적용하는 자세가 창의적 생각을 발전시키는 데 도움이 됩니다.

나. 실패는 성공의 전 단계

실패는 종종 성공의 첫걸음입니다. 역사적으로 성공한 많은 인물들은 여러 번 실패한 뒤에야 그들의 목표를 달성했습니다. 실패를 피할 수 없지만, 실패로부터 배우는 능력은 창의성을 키우는 중요한 요소입니다. 실패를 긍정적으로 받아들이고, 그것을 성공으로 가는 길의 일부로 여기는 것이 중요합니다.

다. 실패는 재도전의 발판

실패는 경험으로 간주되어야 합니다. 그것은 우리가 실패한 경험에서 배우는 것이 중요하며, 이러한 경험이 더 나은 결과를 이룰 때 도움이 됩니다. 이전의 실패는 다음 시도에서 더 나은 결과를 얻기 위한 중요한 교훈을 제공할 수 있습니다.

라. 실패는 자기 성장 기회

실패는 우리의 한계를 시험하고, 자기 성장의 기회를 제공합니다. 실패를 긍정적으로 받아들이면, 우리는 어떻게 더 나은 버전의 자신이 될 수 있는지에 대한 통찰력을 얻을 수 있습니다. 실패를 자기 성장의 일부로 보고, 어떻게 더 나아질 수 있는지를 탐구하는 것은 창의적 생각을 촉진하는 데 도움이 됩니다.

실패를 경험하며 성장하는 것은 창의적 생각을 발전시키는 과정에서 중요한 부분입니다. 실패를 부정적으로만 생각하지 말고, 그것을 자신의 성장과 발전을 위한 중요한 자원으로 받아들이는 것이 중요합니다. 실패를 통해 우리는 새로운 아이디어를 발견하고 창의성을 향상시킬 수 있으며, 이를 통해 혁신적인 문제 해결과 발전을 이룰 수 있을 것입니다. 우리는 실패를 두려워하지 말고, 그것을 받아들이고 이해함으로써 창의적인 생각과 성장을 촉진할 수 있습니다. 실패는 우리의 성공과 창의적 생각의 지름길이 될 것이며, 그 미학을 깨달을 때 우리는 더 나은 미래를 창조할 것입니다.

제3장

창의적 생각 도구와 기법

제1절. 브레인스토밍과 마인드 맵

브레인스토밍과 마인드 맵은 창의적 아이디어를 발전시키고 구조화하는 데 도움을 주는 강력한 도구입니다. 이 절에서는 브레인스토밍과 마인드 맵의 개념, 방법, 그리고 창의성을 촉진하는 방법에 대해 논의하겠습니다.

제1항. 브레인스토밍(Brainstorming)

가. 브레인스토밍(Brainstorming)의 개념

브레인스토밍(Brainstorming)은 그룹 또는 개인이 자유롭게 아이디어를 생각하고 제시하는 과정입니다. 브레인스토밍의 핵심 원칙은 비판을 제한하고 어떠한 아이디어라도 환영하며 아이디어 생성의 흐름을 중단시키지 않는 것입니다. 브레인스토밍은 아이디어의 다양성을 극대화하고, 독창성을 촉진하는 데 효과적입니다.

나. 브레인스토밍의 원칙과 특징

브레인스토밍은 창의적 생각을 유발하고 아이디어를 생산하는 과정입니다. 이 과정은 다음과 같은 원리를 기반으로 합니다.

(가) 자유로운 생각 표현: 브레인스토밍에서는 모든 참여자가 자신의 생각을 자유롭게 표현할 수 있어야 합니다. 아이디어에 제한을 두지 않고 어떤 아이디어든 환영받는다는 원칙이 적용됩니다.

(나) 비판 피하기: 브레인스토밍은 제한을 걸지 않고 자유로운 생각의 흐름을 촉진하며, 어떤 아이디어도 거부하지 않는 것이 특징입니다. 브레인스토밍 단계에서는 아이디어에 대한 비판을 피하고 모든 아이디어를 환영해야 합니다. 비판은 창의적 생각의 흐름을 방해할 수 있기 때문입니다.

(다) 아이디어 조합: 브레인스토밍의 핵심은 다양한 아이디어를 생성한 다음 이러한 아이디어를 조합하고 확장하여 새로운 아이디어를 도출하는 것입니다.

다. 브레인스토밍 단계

브레인스토밍은 그룹 또는 개인이 자유롭게 아이디어를 생각하고 공유하는 과정입니다. 브레인스토밍은 다음과 같은 단계로 진행됩니다.

(가) 주제 설정: 브레인스토밍을 시작하기 전에 명확한 주제 또는 질문을 정의합니다.

(나) 아이디어 생성: 참가자들은 아이디어를 적극적으로 생각하고 이야

기합니다. 어떠한 아이디어도 거부하지 않고, 비판을 금지합니다.

(다) 아이디어 정리: 생각한 아이디어를 모아서 정리하고 중복되는 것을 제거합니다.

(라) 아이디어 발전: 선별된 아이디어를 발전시키고 연관 아이디어를 추가합니다.

라. 브레인스토밍 기술과 전략

브레인스토밍을 효과적으로 수행하는 기술과 전략은 다음과 같습니다.

(가) 아이디어 생성을 위한 기술: 이 기술은 "마음의 제약 풀기", "비유와 유사성", "역설적 생각" 등을 포함합니다.

(나) 효과적인 브레인스토밍 세션 구성: 그룹에서의 브레인스토밍과 개인적인 브레인스토밍의 차이와 각각의 장단점을 비교하여 언제 어떤 방법을 선택해야 하는지에 대해 논의합니다.

제2항. 마인드 맵(Mind Map)

가. 마인드 맵(Mind Map)의 개념

마인드 맵(Mind Map)은 아이디어와 정보를 구조화하고 시각화하는 도구입니다. 중심 주제나 문제를 중심에 두고 여러 가지 아이디어나 정보를 가지를 분기하는 방식으로 구성됩니다. 마인드 맵은 아이디어 간의 관계를 명확히 하고 창의적 생각을 돕는 데 효과적입니다.

나. 마인드 맵의 원리와 특징

마인드 맵은 정보를 시각적으로 정리하고 연결시키는 도구로, 창의적 생각과 아이디어 발전에 유용하게 활용됩니다.

(가) 마인드 맵의 기본 원리: 마인드 맵은 중심 주제나 아이디어를 중심으로 가지처럼 연결시키는 방식으로 작성됩니다. 이를 통해 정보를 시각적으로 구조화하고 관련 아이디어를 쉽게 파악할 수 있습니다.

(나) 창의적 생각을 유발: 마인드 맵은 창의적 생각을 유발하고 새로운 관점을 발견하는 데 도움이 됩니다. 예를 들어, 마인드 맵을 사용하여 문제 해결을 시각화하고 다양한 해결책을 탐색할 수 있습니다.

다. 마인드 맵 작성 단계

마인드 맵은 아이디어를 그래픽적으로 구조화하고 연결시키는 도구입니다. 일반적으로 중심 주제나 문제 주제를 중심으로 시작하여 더 많은 세부 주제나 아이디어를 뻗어 나가며 그 연관성을 나타냅니다. 마인드 맵을 만들 때 다음과 같은 단계로 진행됩니다.

(가) 중심 주제 설정: 마인드 맵의 중심에 다룰 주제를 작성합니다.

(나) 가지 추가: 주제와 관련된 서브 주제를 추가하여 아이디어의 구조를 확장합니다.

(다) 키워드 및 그림 사용: 키워드와 간단한 그림을 사용하여 각 가지를 시각적으로 표현합니다.

(라) 관계 설정: 아이디어 간의 관계를 화살표나 선으로 연결하여 시각적으로 나타냅니다.

(마) 확장과 수정: 마인드 맵을 계속 수정하고 확장하여 새로운 아이디어를 통합합니다.

제3항. 브레인스토밍과 마인드 맵의 결합

가. 브레인스토밍과 마인드 맵의 결합 사용 이점

브레인스토밍과 마인드 맵은 종종 혼합해서 사용됩니다. 아이디어를 브레인스토밍으로 생성한 다음, 그것들을 마인드 맵에 시각적으로 구조화하는 방식입니다. 이 접근법을 통해 아이디어의 풍부한 네트워크를 만들 수 있습니다.

나. 브레인스토밍과 마인드 맵의 효과적인 결합 방법

브레인스토밍과 마인드 맵을 효과적으로 결합하는 방법은 다음과 같은 단계로 진행됩니다.

(가) 주제 설정: 브레인스토밍과 마인드 맵을 결합하려면 먼저 주제나 문제를 명확하게 정의해야 합니다. 이를 통해 참여자들은 아이디어를 집중하고 직접적으로 관련된 마인드 맵을 만들 수 있습니다.

(나) 브레인스토밍 단계: 브레인스토밍 단계에서는 참여자들이 아이디어를 자유롭게 생각하고 표현하며, 그 아이디어들을 마인드 맵에 추가합니다.

(다) 마인드 맵 활용: 마인드 맵을 활용하여 브레인스토밍에서 도출한 아이디어를 구조화하고 연결시키면, 새로운 관점과 아이디어를 도출할 수 있습니다.

제2절. 시각적 생각과 그래픽 아이디어

시각적 생각과 그래픽 아이디어는 창의적 아이디어의 중요한 요소 중 하나입니다. 우리의 마음속에 있는 아이디어를 시각적으로 표현하고, 그래픽 디자인을 통해 다른 사람들과 소통하는 것은 현대 사회에서 더 중요해지고 있습니다. 이 절에서는 시각적 생각과 그래픽 아이디어의 개념, 중요성, 그리고 그것을 향상시키는 방법에 대해 살펴보겠습니다.

제1항. 시각적 생각(Visual Thinking)

가. 시각적 생각(Visual Thinking)의 개념

시각적 생각(Visual Thinking)은 개념, 아이디어, 또는 정보를 시각적인 형태로 표현하고 이해하는 능력을 의미합니다. 이는 그림, 그래픽, 도표, 사진, 비디오 등 다양한 형태로 나타날 수 있으며, 비교적 복잡한 개념을 단순하고 명확한 시각적 형태로 변환하는 과정을 포함합니다.

나. 시각적 생각의 중요성

(가) 명확한 이해: 시각적 생각은 아이디어를 시각적으로 표현하는 것을 의미합니다. 이것은 아이디어를 더 명확하게 이해하고 다른 사람과 공유하기 위한 강력한 수단입니다. 또한, 시각화는 비전, 목표 및 전략을 시각적으로 표현하여 팀원과 공동 작업을 촉진하며, 프로젝트를 효율적으로 관리하는 데 도움을 줍니다.

(나) 창의성 자극: 시각적 생각은 창의성을 자극하고, 새로운 아이디어를 발견하고 발전시키는 데 도움을 줍니다. 그래픽 아이디어는 아이디어의 시각적 표현을 통해 다양한 시각적 매체를 사용해 창의적인 아이디어를 발전시킬 수 있습니다.

다. 시각적 생각의 역할

시각적 정보를 활용하여 문제를 해결하고 새로운 아이디어를 개발하는 데 도움을 주며, 다음과 같은 역할을 합니다.

(가) 문제 해결: 문제를 시각적으로 분석하고 해결책을 시각적으로 표현함으로써 더 효과적인 해결책을 찾을 수 있습니다.
(나) 효과적 커뮤니케이션: 시각적 정보를 통해 아이디어를 효과적으로 전달하고 다른 사람들과 공유할 수 있습니다.
(다) 창의성 향상: 시각적 자극은 창의적인 아이디어를 유발하며, 시각적 아이디어는 창의성을 향상시키는 데 도움이 됩니다.

제2항. 그래픽 아이디어(Graphic Idea)

가. 그래픽 아이디어(Graphic Idea)의 개념

그래픽 아이디어는 시각적 생각을 실제 디자인, 예술, 마케팅, 교육 등 다양한 분야에서 구체적인 형태로 표현하는 과정입니다. 시각적 생각을 개발하기 위해서는 기본적인 그래픽 디자인 원칙을 이해하는 것이 중요합니다. 이러한 원칙은 레이아웃(Layout), 컬러(Color), 타이포그래피

(Typography), 이미지(Image), 비례 등을 포함합니다.

나. 그래픽 아이디어의 중요성

(가) 시각적 커뮤니케이션: 그래픽 아이디어는 복잡한 개념을 쉽게 이해시키고 다른 사람들과 효과적으로 소통할 수 있도록 도와줍니다. 시각적인 표현은 언어로 표현하기 어려운 아이디어나 감정을 전달하는 데 큰 역할을 합니다.

(나) 창의성과 혁신: 그래픽 아이디어는 창의성과 혁신의 원동력입니다. 새로운 관점을 제공하고 다양한 시각으로 문제를 접근하는 데 도움을 줍니다. 이는 제품 디자인, 마케팅, 예술, 엔터테인먼트 분야에서 중요한 역할을 합니다.

(다) 기억과 인상: 시각적으로 매력적인 그래픽 아이디어는 사람들의 기억에 오래 남게 하며, 긍정적인 인상을 남깁니다. 이는 브랜딩 및 마케팅 전략에서 핵심적인 부분입니다.

다. 창의적 생각을 위한 그래픽 도구와 기술

Adobe Creative Suite, Canva, Sketch, Figma 등의 그래픽 디자인 소프트웨어를 활용하여 시각적 생각을 구체화하고 발전시킬 수 있습니다.

라. 그래픽 아이디어 개발 단계

그래픽 아이디어를 개발하기 위해 다음 단계를 고려할 수 있습니다.

(가) 아이디어 발굴: 창의성을 유발하는 활동으로서 아이디어를 자유롭게 생각하고 시각적으로 기록합니다.

(나) 시각적 연관성: 아이디어와 이미지, 그래픽 요소 간의 연관성을 찾고 이를 시각적으로 표현합니다.

(다) 시각적 표현: 그래픽 도구를 사용하여 아이디어를 시각적으로 표현하고 디자인합니다.

(라) 피드백과 수정: 다른 사람들로부터 피드백을 받아 그래픽 아이디어를 개선하고 보완합니다.

제3항. 시각적 생각과 그래픽 아이디어 결합

가. 시각적 생각과 그래픽 아이디어의 활용

(가) 아이디어 발전 단계에서 활용: 시각적 생각과 그래픽 아이디어는 아이디어 발전의 모든 단계에서 활용될 수 있습니다. 아이디어를 떠올릴 때부터 구체적으로 시각화하고 표현하기까지 이를 활용하여 아이디어의 품질을 향상시킬 수 있습니다.

(나) 팀 협업에서의 중요성: 팀 협업에서 시각적 생각과 그래픽 아이디어는 의사소통과 협력을 촉진하는 데 도움이 됩니다. 그래픽 아이디어를 공유하면 팀원들이 아이디어를 더 쉽게 이해하고 공감할 수 있으며, 그 결과로 효율적인 문제 해결과 혁신이 가능해집니다.

나. 시각적 생각과 그래픽 아이디어를 향상시키는 방법

(가) 비쥬얼 아트(Visual Arts) 학습: 비쥬얼 아트를 배우고 연습함으로써 시각적 미감과 표현력을 향상시킬 수 있습니다. 미술 수업을 듣거나 그림을 그리는 취미를 가질 수 있습니다.

(나) 창의적 시각적 아이디어 발전: 일상생활에서 주변 사물, 자연, 인물 등을 관찰하고 시각적 아이디어로 발전시키는 연습을 하면 창의적 생각을 증가시킬 수 있습니다.

(다) 그래픽 디자인 도구 활용: 그래픽 디자인 소프트웨어를 사용하여 시각적 아이디어를 디자인하고 편집할 수 있습니다. Adobe Creative Suite, Canva, 또는 무료 소프트웨어 옵션을 활용하여 기술을 향상시킬 수 있습니다.

(라) 피드백과 협업: 다른 사람들의 피드백을 받고, 협업을 통해 아이디어를 고쳐 나가는 것은 시각적 아이디어를 향상시키는 좋은 방법입니다. 그래픽 디자인 커뮤니티에 참여하거나 동료 디자이너와 아이디어를 공유하는 데 적극적이어야 합니다.

제3절. 디자인 생각

비즈니스, 기술, 예술, 교육, 건강 관리 및 다른 분야에서 창의적 아이디어와 해결책을 찾는 능력은 성공을 위한 핵심 역량 중 하나로 간주됩니다. 이러한 창의적 문제 해결을 위한 접근 방식 중 하나가 디자인 생각입니다. 이 절에서는 디자인 생각이란 무엇이며, 어떻게 창의적 문제 해결에 도움을 줄 수 있는지에 대해 살펴보겠습니다.

제1항. 디자인 생각(Design Thinking)의 개념과 특징

디자인 생각(Design Thinking)은 문제 해결과 혁신을 위한 접근 방식으로, 디자인의 원칙과 프로세스를 활용하여 문제를 해결하고 새로운 아이디어를 창출하는 것을 의미합니다. 디자인 생각은 기존의 문제 해결 방법과는 다르게 문제를 다른 시각에서 접근하고, 새로운 관점에서 문제를 해석하려는 접근 방법입니다. 이는 기존의 패러다임을 깨고, 창의적인 해결책을 발견하는 데 도움을 줍니다. 디자인 생각은 특히 다양한 분야에서 문제 해결과 혁신을 위해 활용되고 있으며, 비즈니스, 교육, 의학, 공공 정책 등 다양한 분야에서 중요한 역할을 하고 있습니다. 디자인 생각은 주로 다음과 같은 특징을 갖습니다.

가. 사용자 중심 접근(User Centered)

디자인 생각은 사용자나 고객의 필요와 관심을 중심에 두는 것을 강조합니다. 문제를 해결하거나 제품/서비스를 디자인할 때 사용자의 관점을 이해하고 고려하는 것이 중요합니다.

나. 혁신적인 아이디어 개발

디자인 생각은 관행적인 생각 패턴을 벗어나 혁신적인 아이디어를 개발할 수 있도록 도와줍니다.

다. 효율적인 문제 해결

디자인 생각은 문제를 더 효과적으로 해결할 수 있는 방법을 찾도록 돕습니다.

라. 반복적인 프로세스

디자인 생각은 문제 해결을 반복적인 프로세스로 여깁니다. 아이디어를 생성하고 실험하며 피드백을 통해 개선하고 다시 시도하는 것을 반복하여 최적의 해결책을 찾아냅니다.

마. 협력과 다양성 강화

디자인 생각은 팀원들과의 협력을 장려하며 다양한 배경과 관점을 통합합니다. 다양한 의견을 수용하고 아이디어를 함께 발전시키는 것이 핵심입니다.

제2항. 디자인 생각의 핵심 원칙과 단계

디자인 생각은 문제를 해결하고 새로운 아이디어를 발견하기 위한 다양한 방법을 제공합니다. 이것은 복잡한 문제 해결을 위한 창의적이고 포괄적인 접근법입니다. 디자인 생각은 다음과 같은 핵심 원칙을 포함합니다.

가. 공감(Empathy)

디자인 생각의 핵심 단계 중 하나는 타깃 사용자의 관점에서 문제를 정의하고 공감하는 것입니다. 사용자 중심의 접근 방식을 통해 사용자의 관점을 이해하고, 그들의 니즈와 욕구를 파악하는 것이 중요합니다. 문제를 해결하기 위해서는 해당 문제를 심층적으로 이해해야 합니다. 다른 사람들의 관점을 이해하고 그들의 필요성과 감정을 공감할 수 있어야 합니다.

나. 문제 정의(Definition)

문제 해결의 핵심은 문제를 명확하게 정의하는 것입니다. 문제를 명확하게 정의하고, 문제의 근본적인 원인을 찾고, 문제 해결에 초점을 맞추는 것이 필요합니다. 어떤 문제가 실제로 해결해야 할 문제인지를 파악하는 것은 매우 중요합니다. 문제를 명확하게 이해하고 해당 문제에 진정으로 공감한다면, 좀 더 창의적인 해결책을 찾을 수 있습니다.

다. 아이디어 생성(Ideation)

디자인 생각은 아이디어를 자유롭게 발전시키고 새로운 방법을 찾는 것을 장려합니다. 다양한 시각과 관점을 통해 아이디어를 확장하고 향상시킵니다. 디자인 생각은 다양한 관점에서 문제를 바라보는 것을 장려합니다. 다양한 아이디어를 생성하고, 다양한 시각에서 문제를 바라보는 것이 중요합니다. 이를 위해 브레인스토밍과 같은 창의적인 기법을 활용할 수 있습니다.

라. 실험과 프로토타이핑(Prototyping)

아이디어를 실제로 구현해 보는 것이 중요합니다. 이를 통해 아이디어의 유효성을 검증하고 개선할 수 있습니다. 아이디어를 물리적이나 가상의 프로토타입으로 변환하여 실험하고 피드백을 받는 것이 디자인 생각의 일부입니다. 디자인 생각은 실험적인 방법을 채택하여 아이디어를 실제로 시도하고 테스트합니다. 이를 통해 아이디어를 향상시키고 더 나은 솔루션을 개발할 수 있습니다.

마. 반복과 수정(Feedback)

디자인 생각은 반복적인 과정을 통해 문제를 점진적으로 개선하는 것을 강조합니다. 처음에 완벽한 해결책을 찾기 어려울 수 있지만, 반복과 수정을 통해 점차 발전시킬 수 있습니다.

제3항. 디자인 생각의 적용 예

디자인 생각은 다양한 분야에서 성공적으로 적용되고 있습니다. 몇 가지 예시를 통해 그 중요성을 살펴보겠습니다.

가. 제품 디자인

새로운 제품을 개발할 때, 사용자의 요구 사항을 고려하고 디자인 생각 원리를 적용하여 제품을 개선합니다. 이를 통해 사용자 친화적인 제품을 만들 수 있습니다.

나. 교육

교육 분야에서는 학생들의 학습 경험을 개선하기 위해 디자인 생각을 활용합니다. 이를 통해 학습 프로세스를 재구성하고 효율적인 교육 방법을 개발합니다.

다. 비즈니스 전략

기업은 경쟁력을 유지하고 확장하기 위해 디자인 생각을 활용합니다. 새로운 시장 기회를 발견하고 고객 요구를 충족시키기 위해 창의적인 비즈니스 전략을 개발합니다.

제4절. 시스템적 접근

많은 사람들은 문제 해결을 위해 문제를 단순히 부분적으로 해결하거나 즉석에서 나타나는 증상만을 다루는 경향이 있습니다. 시스템적 접근 방법론은 문제를 종합적으로 다루고, 그 원인을 파악하며, 지속적으로 발전시키는 데 도움이 되는 효과적인 방법입니다. 이 절에서는 창의적 생각을 통한 문제 해결을 위한 시스템적 접근에 대해 논의하겠습니다.

제1항. 창의적 생각과 문제 해결

가. 문제 정의와 문제 해결

문제 해결 프로세스를 시작하기 전에, 문제 자체를 이해하는 것이 중요합니다. 문제가 무엇이며 왜 그것이 해결되어야 하는지를 파악하는 것은 핵심 단계입니다. 문제의 본질을 파악하기 위해 "5W1H" 방법을 사용할 수 있습니다. 이 방법은 "무엇(What)", "왜(Why)", "언제(When)", "어디서(Where)", "누가(Who)", "어떻게(How)"라는 여섯 가지 핵심 질문을 제기하여 문제를 깊게 탐구합니다.

나. 창의성과 문제 해결

창의성은 새로운 아이디어를 발견하고 이를 활용하여 문제를 해결할 수 있는 능력을 의미합니다. 창의적 생각은 다양한 시각과 관점을 활용하여 문제를 다르게 접근하는 것을 의미합니다. 문제 해결을 위한 단계적 접근을 따르면 문제를 체계적으로 해결할 수 있습니다. 이 단계에는 다음과 같은 요소들이 포함됩니다.

(가) 문제 정의: 문제를 명확하게 정의하고 이해합니다.

(나) 정보 수집: 관련 정보를 수집하고 분석합니다.

(다) 창의적 생각: 다양한 아이디어를 발생시키고 검토합니다.

(라) 시스템적 접근: 문제를 부분적으로 나누고 상호 작용을 파악합니다.

(마) 해결책 도출: 가능한 해결책을 식별하고 평가합니다.

(바) 계획 및 실행: 최선의 해결책을 실행하는 계획을 수립하고 실행합니다.

(사) 평가: 해결책의 효과를 평가하고 필요한 수정 사항을 식별합니다.

제2항. 시스템적 접근과 문제 해결

시스템적 접근은 문제 해결을 더 효과적으로 만드는 핵심 요소입니다. 시스템적 접근은 문제를 단순한 부분들로 나누고 이러한 부분들 간의 상호 작용을 이해하는 것을 의미합니다. 이를 통해 문제의 복잡성을 줄이고 더 나은 해결책을 찾을 수 있습니다.

가. 시스템적인 접근의 필요성

문제 해결을 위한 시스템적인 접근은 문제를 단순히 부분적으로 해결하는 것이 아니라 전체 시스템을 고려하고 해결책을 설계하는 방법을 의미합니다. 이는 문제의 원인과 영향을 파악하고, 다양한 구성 요소와 상호 연결성을 고려하는 것을 포함합니다. 시스템적인 접근은 장기적인 지속 가능성과 효율성을 고려하여 문제를 해결합니다.

나. 시스템적 접근의 중요성

시스템적 접근은 문제 해결을 더 효과적으로 만드는 핵심입니다. 이것은 단순히 증상을 해결하는 것이 아니라, 문제의 근본적인 원인을 찾아내고 그 원인을 다루는 것을 의미합니다. 시스템적 접근은 단기적인 결과보다 장기적인 지속 가능성을 고려합니다. 시스템적 접근은 다음과 같은 이점을 제공합니다.

(가) 종합적인 해결: 시스템적 접근은 문제의 다양한 측면을 고려하므로 종합적인 해결책을 제시할 수 있습니다.

(나) 장기적인 효과: 시스템적으로 문제를 해결하면 단기적인 결과뿐만 아니라 장기적인 영향도 고려할 수 있습니다.

(다) 협력 강화: 시스템적 접근은 다양한 전문가와의 협력을 촉진합니다. 팀원들 간의 협력은 창의성을 높일 수 있습니다.

다. 창의성과 시스템적 접근의 결합

창의적 생각과 시스템적 접근을 통합하는 것이 가장 효과적으로 문제해결을 이루는 방법입니다. 창의성은 새로운 아이디어를 발견하는 데 도움을 주고, 시스템적 접근은 그러한 아이디어를 구체적으로 실행 가능한 계획으로 변환하는 데 도움을 줍니다. 이를 위해 팀원 간의 협력, 다양한 도구와 기술의 활용, 그리고 실험을 통한 학습이 중요합니다.

제3항. 시스템적 접근의 구성 요소 및 단계

창의성만으로는 문제를 완전하게 해결하기 어려울 수 있습니다. 이때 시스템적 접근이 중요합니다. 시스템적 접근은 문제를 더 큰 맥락에서 바라보고 해결책을 개발하는 것을 의미합니다. 시스템적 접근을 적용하기 위해 다음 단계를 적용할 수 있습니다.

가. 문제 정의 및 분석

시스템적 접근은 먼저 문제를 명확하게 정의하고 분석하는 것으로 시작합니다. 문제의 범위를 파악하고 그 영향을 이해합니다.

나. 원인 분석

문제의 근본적인 원인을 찾아내는 것이 중요합니다. 이를 위해 뿌리 원인 분석 도구를 사용하거나 원인과 결과를 연결 짓는 원인-결과 다이어그램을 그릴 수 있습니다.

다. 창의적 아이디어 생성

문제를 해결하기 위해 창의적으로 아이디어를 생성하는 과정이 필요합니다. 다양한 관점에서 접근하고, 브레인스토밍과 같은 기술을 활용하여 아이디어를 발굴합니다.

라. 솔루션 개발

아이디어 중에서 가장 유망한 것을 선택하고 구체적인 해결책을 개발합니다. 이때 다양한 전문가와의 협력이 중요할 수 있습니다.

마. 구현 및 평가

선택한 해결책을 구현하고 그 성과를 지속적으로 평가합니다. 만일 새로운 문제가 발생하면 시스템적으로 다시 접근하여 수정 및 개선합니다.

제5절. 생각 패턴의 다양성과 융합적 생각

창의적 생각을 발전시키기 위해서는 생각 패턴의 다양성 확대, 그리고 융합적 생각과 연결이라는 개념이 핵심적인 역할을 합니다. 융합적 생각과 연결은 다양한 아이디어, 개념, 분야를 결합하고 연결하여 새로운 아이디어와 해결책을 창출하는 것을 의미합니다. 이 절에서는 생각 패턴의 다양성이 창의성과 어떤 관련이 있는지, 그리고 융합적 생각과 연결이 왜 중요한지, 어떻게 이를 개발하고 활용하는지에 대해 논의하겠습니다.

제1항. 생각 패턴의 다양성(Divergent Thinking)

가. 생각 패턴(Thinking Patterns)의 정의

생각 패턴(Thinking Patterns)은 개인이 정보를 처리하고 문제를 해결하는 방식을 나타냅니다. 이것은 문화, 교육, 경험, 직업, 사회적 환경 등 다양한 요소에 의해 형성됩니다. 생각 패턴은 의식적이거나 무의식적일 수 있으며, 사람들의 아이디어와 결정에 큰 영향을 미칩니다.

나. 생각 패턴의 다양성(Divergent Thinking)의 개념

생각 패턴의 다양성(Divergent Thinking)은 우리가 문제를 바라보고 해결하는 방식, 관점, 전략 등을 다양하게 변화시키는 것을 의미합니다. 다양한 생각 패턴을 가지고 있으면, 문제에 대한 다양한 시각을 가질 수 있고, 이로 인해 창의적인 아이디어를 발견하거나 새로운 관점에서 문제를 해결하는 데 도움을 줍니다. 다양한 생각 패턴은 다음과 같은 이점을 제공합니다.

(가) 문제 해결 능력 향상: 다양한 생각 패턴을 가진 사람들은 한 가지 방법으로만 문제를 접근하는 사람보다 더 빠르고 효과적으로 문제를 해결할 수 있습니다. 이는 다양한 시나리오와 해결책을 고려할 수 있기 때문입니다.

(나) 혁신과 창의성: 창의성은 새로운 아이디어를 만들어 내는 과정인데, 다양한 생각 패턴을 통해 더 많은 아이디어가 탄생할 가능성이 큽니다. 다양성은 혁신의 원동력이 될 수 있습니다.

(다) 문제 해결 다양성: 복잡한 문제에 대해 다양한 관점에서 접근하면 다양한 해결책을 발견할 수 있습니다. 이는 경제, 과학, 기술 등 다양한 분야에서 중요한 역할을 합니다.

다. 창의적 생각과 생각 패턴 다양성의 관계

창의적 생각은 새로운 아이디어, 관점, 해결책을 발견하거나 기존 아이디어를 혁신하는 데 관련이 있습니다. 생각 패턴의 다양성은 이러한 과정을 풍부하게 만들어 줍니다. 다양한 생각 패턴을 가진 사람들은 다양한 관점에서 문제를 접근하고, 이를 통해 창의적 아이디어를 발전시키는 데 도움을 줍니다.

라. 생각 패턴의 다양성 확대 방법

(가) 다양한 관점 통합: 여러 분야나 배경의 사람들과 소통하고 협력함

으로써 다양성을 확대할 수 있습니다. 이는 새로운 아이디어와 관점을 얻는 데 도움을 줄 수 있습니다.

(나) 자율성과 시간 확보: 자신만의 생각 공간을 확보하고, 자율적으로 생각하는 시간을 가질 수 있으면 창의적 아이디어가 떠오르기 쉬워집니다.

(다) 문제 다양성: 다양한 종류의 문제를 해결하며 생각 패턴의 다양성을 키울 수 있습니다.

(라) 문화적 민감성: 다른 문화와 관행을 이해하고 수용함으로써 생각 패턴을 다양화시킬 수 있습니다.

(마) 창의적 기술 활용: 디자인, 아트, 과학 등 다양한 창의적 기술을 활용하면 생각 패턴을 다양화시키는 데 도움이 됩니다.

제2항. 융합적 생각(Convergent Thinking)

가. 융합적 생각(Convergent Thinking)의 개념

융합적 생각(Convergent Thinking)은 서로 다른 분야, 아이디어, 혹은 개념을 결합하고 연결시키는 과정을 말합니다. 이것은 새로운 관점과 시각을 개발하며, 창의성과 혁신을 유발하는 핵심적인 능력입니다. 다양한 분야의 지식을 통합하고, 이를 새로운 상황에 적용하는 것은 문제 해결과 아이디어 개발에 있어서 매우 중요합니다.

(가) 다양한 영감의 조합: 창의적 아이디어는 종종 다양한 분야와 개념의 조합에서 나옵니다. 융합적 생각을 통해 다른 분야의 아이디어

를 가져와 현재의 문제나 프로젝트에 적용함으로써 새로운 시각을 얻을 수 있습니다. 예를 들어, 디자인과 공학을 결합하여 혁신적인 제품을 개발할 수 있습니다.

(나) 복잡한 문제 해결: 일부 문제는 한 분야의 지식만으로는 해결하기 어렵습니다. 융합적 생각을 통해 다양한 분야의 전문 지식을 결합하여 복잡한 문제를 해결할 수 있습니다. 이는 과학, 기술, 예술 등 모든 분야에서 중요한 역할을 합니다.

나. 융합적 생각을 개발하는 방법

융합적 생각을 향상시키기 위한 방법으로 다음과 같은 몇 가지 요소가 있습니다.

(가) 다양한 분야의 지식 습득: 융합적 생각은 다양한 분야에서 비롯된 지식을 획득하고 이해하는 것으로부터 시작됩니다. 예를 들어, 공학, 예술, 사회과학 등 다양한 분야의 책을 읽고, 다른 분야의 전문가와 대화하는 것이 도움이 됩니다.

(나) 문제 해결과 상상력 향상: 문제 해결 능력과 상상력을 향상시키는 것은 융합적 생각을 높이는 데 기여합니다. 다양한 시나리오를 상상하고, 어려운 문제에 대한 대안적 해결책을 고안하는 연습이 필요합니다.

(다) 아이디어 연결: 서로 관련성이 없는 것처럼 보이는 아이디어를 결합하여 새로운 아이디어를 만들어 내는 것이 중요합니다. 이 과정에서 브레인스토밍과 팀원과의 협업이 유용할 수 있습니다.

다. 연결력을 향상시키는 방법

연결력은 융합적 생각을 지원하는 핵심 개념 중 하나입니다. 다양한 아이디어와 개념을 연결하고 상호 작용시킴으로써 창의성을 촉진합니다. 연결력을 향상시키는 방법은 다음과 같습니다.

(가) 관찰과 관찰 결과 기록: 일상생활에서 주변의 사건, 경험 및 관찰을 주의 깊게 기록합니다. 이러한 관찰을 통해 새로운 아이디어와 연결점을 찾을 수 있습니다.

(나) 네트워킹: 다양한 분야의 전문가와 연결하고, 다른 사람의 관점을 듣는 것은 융합적 생각을 풍부하게 만들 수 있습니다. 커뮤니티, 세미나, 회의 및 토론에 참여하여 네트워킹을 확장해야 합니다.

제6절. 배경의 다양성과 관점의 다양성 통합

다양한 배경과 관점을 통합하여 문제에 접근하고, 이를 통해 혁신적인 아이디어와 솔루션을 발견하는 것은 창의성을 키우는 과정에서 중요한 부분입니다. 이 절에서는 다양한 배경과 관점의 통합이 창의적 생각을 어떻게 뒷받침하며, 왜 이것이 중요한지에 대해 논의하겠습니다.

제1항. 배경의 다양성

창의적 생각을 키우기 위해서는 다양한 배경을 가진 사람들과 소통하고 협력하는 것이 중요합니다. 이러한 다양성은 다양한 분야에서 온 사람들, 서로 다른 경험과 관점을 갖는 사람들과의 상호 작용을 통해 확보할 수 있습니다.

가. 배경의 다양성의 중요성

(가) 다양한 지식과 기술: 서로 다른 배경을 가진 사람들은 다양한 지식과 기술을 보유하고 있습니다. 이러한 지식과 기술은 새로운 아이디어를 발전시키는 데 큰 도움이 됩니다.

(나) 문제 해결 능력 향상: 다양한 관점을 통합하는 과정은 문제를 다양한 각도에서 분석하고 해결책을 찾는 방법을 배우는 데 도움을 줍니다.

(다) 혁신과 창의성 촉진: 서로 다른 배경을 가진 사람들이 협력하면 새

로운 아이디어와 제품을 개발하는 데 도움을 주며, 기존의 관행을 뒤엎는 혁신을 이끌어 냅니다.

나. 배경의 다양성을 촉진하는 방법

다양성은 창의성을 키우는 데 중요한 역할을 하지만, 이를 촉진하기 위해 몇 가지 전략을 고려할 수 있습니다.

(가) 포용적인 환경 조성: 조직이나 공동체에서 포용적이고 다양한 문화와 배경을 존중하는 환경을 조성합니다. 다양한 의견과 관점을 환영하고 존중하는 분위기는 창의성을 촉진합니다.

(나) 다양성을 즐기는 문화 구축: 조직에서 다양성을 즐기고 강조하는 문화를 구축합니다. 이는 다양한 배경을 가진 사람들이 자신의 독특한 관점과 아이디어를 자유롭게 표현할 수 있는 환경을 만들어 줍니다.

(다) 다양한 팀 구성: 다양한 경험과 역량을 가진 팀을 구성하여 문제 해결과 혁신에 도움을 줍니다. 다양한 분야에서 온 사람들이 함께 일하면 다양한 아이디어가 발생할 가능성이 높아집니다.

(라) 다양한 인재 채용: 다양한 배경과 경험을 가진 인재를 고용함으로써 조직 내 다양성을 증가시킬 수 있습니다.

제2항. 관점의 다양성

창의적 아이디어를 발굴하기 위해서는 다양한 관점을 수용하는 능력도 중요합니다. 다른 사람의 관점을 이해하고 존중함으로써 문제를 다양한 시각에서 바라볼 수 있습니다. 이를 통해 아이디어를 확장하고 개선하는 데 도움을 줄 수 있습니다. 또한, 다양한 관점을 수용하는 것은 팀 내 갈등을 최소화하고 협업을 강화하는 데도 도움이 됩니다.

가. 다양한 배경에 따른 관점의 다양성

창의적 생각을 키우기 위해서는 다양한 관점을 인정하고 통합하는 능력도 중요합니다. 다양한 관점은 다양한 사회, 문화, 인종, 성별, 나이 등 다양한 맥락을 의미합니다. 다양한 관점은 다양성을 존중하고 포용하는 태도에서 비롯합니다. 이러한 태도를 가지고 문제를 다양한 각도에서 검토하고 해결책을 찾는 것이 중요합니다.

나. 관점의 다양성을 촉진하는 방법

(가) 팀 다양성: 팀을 구성할 때, 다양한 배경과 경험을 가진 사람들을 모집하는 것이 중요합니다. 이러한 다양성은 팀 내의 아이디어 생성과 문제 해결 과정에 다양한 관점을 제공합니다.

(나) 오픈 마인드셋(Open Mindset): 오픈 마인드셋은 다양한 의견과 관점을 수용하고 존중하는 능력을 나타냅니다. 이러한 마인드셋을 가진 사람들은 다른 이들의 아이디어를 적극적으로 듣고 수용할 것입니다.

(다) 협력과 커뮤니케이션: 팀 구성원 간의 원활한 협력과 효과적인 커뮤니케이션은 다양한 배경과 관점을 통합하는 데 필수적입니다.

팀원들 간에 아이디어 교환과 피드백을 촉진해야 합니다.

제3항. 개인적 관점 확장을 위한 방법

창의적 생각을 위해서는 관점을 확장하는 것이 중요합니다. 이는 다음과 같은 방법으로 이루어질 수 있습니다.

가. 다양한 배경과 경험

서로 다른 배경과 경험을 가진 사람들과 소통하고 협력하여 새로운 관점을 받아들일 수 있습니다. 이를 통해 다양한 시각에서 문제를 해석하고 새로운 아이디어를 얻을 수 있습니다. 다른 분야의 전문가나 다양한 배경을 가진 사람들과 소통하면 새로운 관점을 얻을 수 있습니다.

나. 다양한 정보 수집

다양한 정보와 자료를 수집하여 문제나 주제에 대한 이해를 깊이 있게 확장시킬 수 있습니다. 책, 뉴스, 인터넷, 도서관, 인터뷰, 연구 등을 통해 다양한 시각을 탐색해야 합니다.

다. 유사성 및 차이점 비교

다른 사물, 아이디어, 현상, 또는 사람들 간의 공통점과 차이점을 비교하면 새로운 관점을 찾을 수 있습니다. 유사성과 차이점을 찾아내는 것은 창의성을 촉진하는 방법 중 하나입니다.

라. 상상과 실험

상상력을 키우고 새로운 아이디어를 실험해 보는 것이 관점 확장의 핵심입니다. 아이디어 브레인스토밍, 시뮬레이션, 실험, 프로토타입 제작을 통해 새로운 관점을 개발해야 합니다.

마. 비판적 사고

비판적 사고를 통해 여러 관점을 분석하고 비교하여 합리적인 판단을 내릴 수 있습니다. 다양한 시각을 통해 비판적 사고 능력을 강화해야 합니다.

제4항. 다양한 배경과 관점의 통합

가. 다양한 배경과 관점의 통합의 중요성

다양한 배경과 관점을 단순히 곁들인 것으로 끝내는 것이 아니라, 이러한 다양성을 통합하는 것이 창의적 생각의 핵심입니다. 통합은 다양한 아이디어와 관점을 하나로 조화롭게 결합시키는 과정을 의미합니다. 이를 통해 새로운 시너지를 창출하고 혁신적인 해결책을 찾을 수 있습니다. 통합은 목표를 달성하기 위해 다양한 관점과 배경을 조화롭게 결합하는 데 중요한 역할을 합니다.

(가) 문제 해결과 혁신 촉진: 창의적 문제 해결과 혁신은 다양한 배경과 관점의 결합을 통해 이루어집니다. 다양성은 새로운 아이디어와 접근법을 발견하고, 문제를 다양한 각도에서 분석하는 데 도움이 됩니다. 예를 들어, 공학자, 예술가, 사회과학자, 경영 전문가가 함

께 일하면, 같은 문제에 대해 서로 다른 시각에서 접근하여 더 풍부한 아이디어를 도출할 수 있습니다.

(나) 복잡한 문제의 해결: 복잡한 문제는 한 관점만으로는 해결하기 어렵습니다. 다양한 배경과 관점을 통합하면 복잡한 문제를 더 효과적으로 다룰 수 있습니다. 이는 전문 지식을 가진 사람들이 함께 협력하여 새로운 해결책을 찾는 과정을 의미합니다.

나. 상호 작용과 협업 강화

창의성을 촉진하기 위해서는 다양한 배경과 관점을 통합하는 것뿐만 아니라, 이를 토대로 상호 작용하고 협업하는 능력도 중요합니다. 팀원 간의 열린 소통과 아이디어 교환은 창의적인 해결책을 찾는 데 중요한 역할을 합니다. 이러한 상호 작용을 강화하기 위해서는 리더십, 팀워크, 소통 능력을 향상시키는 훈련과 프로세스를 도입할 필요가 있습니다.

다. 다양한 배경과 관점의 통합을 촉진하는 방법

(가) 다양한 배경에 기반한 팀 구성: 창의적 생각을 촉진하려면 다양한 배경을 가진 팀을 구성해야 합니다. 이러한 팀은 다른 학문 분야나 직업에서 온 사람들로 이루어져야 합니다. 이러한 다양성은 다양한 아이디어와 관점을 가져다주며, 협력을 통해 새로운 시너지 효과를 낳을 수 있습니다.

(나) 문제 정의와 다양성: 문제 정의 단계에서도 다양한 배경과 관점이 중요합니다. 문제를 다양한 각도에서 정의하고 이해하는 것이 중

요하며, 이를 통해 미처 생각하지 못한 새로운 측면을 발견할 수 있습니다.

(다) 열린 의사소통: 열린 의사소통은 다양한 배경과 관점을 통합하는 핵심입니다. 팀원들은 자유롭게 아이디어를 나누고 의견을 제시할 수 있어야 합니다. 다양한 의견을 존중하고 수용하는 환경이 창의적 아이디어의 탄생을 돕습니다.

(라) 융합적 생각: 융합적 생각은 다양한 배경과 관점을 통합하는 과정을 의미합니다. 이것은 서로 다른 아이디어, 관점 및 접근법을 결합하여 새로운 해결책을 창조하는 과정입니다. 이러한 과정은 다양성을 활용하여 창의적인 결과물을 얻을 수 있도록 돕습니다.

제2부

창의적 변화와 혁신
(Creative Changes)

Ubiquitous Creative Changes

제1장

변화와 혁신을 위한 준비

제1절. 비전과 목표 설정

창의적 자기 계발을 위한 핵심 요소 중 하나는 "비전과 목표 설정"입니다. 비전과 목표 설정은 우리의 삶을 방향 짓고 성장을 이끌어 내는 핵심 도구로, 개인과 직업적인 성공을 달성하는 데 도움을 주는 중요한 프로세스입니다. 이 절에서는 비전과 목표 설정의 중요성, 그리고 창의적 자기 계발을 위해 이러한 프로세스를 최대한 활용하는 방법에 대해 논의하겠습니다.

제1항. 비전(Vision) 설정

가. 비전(Vision)의 개념

비전(Vision)은 우리 삶의 방향을 결정하는 중요한 출발점입니다. 비전은 우리의 삶에 대한 큰 그림을 그리는 것입니다. 비전은 우리가 원하는 미래의 모습을 상상하고, 그것이 어떤 목표나 가치를 담고 있는지를 나타냅니다. 비전은 우리가 어떤 사람이 되고 어떤 삶을 살고 싶은지를 시각적

으로 나타냅니다. 비전은 우리 삶의 목적과 의미를 찾는 데 도움을 줄 뿐
만 아니라 우리를 동기 부여하고 안내해 줍니다.

나. 비전 설정의 역할
비전은 다음과 같은 역할을 합니다.

(가) 동기 부여: 비전은 우리 자신에게 동기 부여합니다. 비전은 미래의
성공을 상상하게 하고, 그것을 달성하기 위해 노력하고 희생하는
동기를 부여합니다. 비전이 없다면 목표를 이루기 위한 열정이 부
족할 수 있습니다.

(나) 방향 제시: 비전은 우리 자신의 삶에 방향을 제시합니다. 비전이
없다면 우리는 목표가 없는 방황자가 될 수 있습니다. 비전은 우리
가 무엇을 추구해야 하는지를 정의합니다.

(다) 우선순위 결정: 비전은 우리 자신이 우선순위를 결정하는 데 도움
을 줍니다. 비전을 통해 우리는 어떤 목표가 가장 중요한지를 판단
하고 리소스를 효과적으로 할당할 수 있습니다.

다. 비전 설정 과정
비전 설정은 창의적 자기 계발의 핵심입니다. 비전을 설정하는 과정은
다음과 같습니다.

(가) 내면의 탐색: 먼저, 자신의 가치, 열정, 장점, 약점을 탐구합니다.
무엇이 나를 행복하게 하고, 어떤 목표를 달성하고 싶은지 생각해

봅니다.

(나) 미래 상상: 비전을 설정할 때, 미래의 모습을 상상합니다. 어떤 일을 이루었을 때 행복해할 것인지, 무엇이 우리의 인생에 의미 있는지 고민해 봅니다.

(다) 구체화: 비전을 구체화합니다. 목표를 세우고, 어떤 성과를 달성하고 싶은지 명확하게 정의합니다.

제2항. 목표(Objectives) 설정

비전을 설정했다면, 다음 단계는 목표를 설정하고 이를 실현하기 위한 계획을 세우는 것입니다. 목표 설정은 비전을 현실로 만들기 위한 필수적인 단계입니다. 목표는 비전을 실현하기 위한 구체적인 계획입니다.

가. 목표 설정의 중요성

목표 설정의 중요성은 다음과 같습니다.

(가) 방향 제시: 목표는 비전을 실현하기 위한 방향을 제시합니다. 목표가 없다면 우리는 비전을 향해 어떤 일을 할지 모를 것입니다.

(나) 동기 부여: 목표는 우리를 움직이게 만듭니다. 어떤 목표를 가지고 있다면, 그것을 달성하기 위해 노력하게 되고, 동기 부여가 높아집니다.

(다) 선택과 집중: 목표는 우리의 노력과 에너지를 선택하고 집중시키는 데 도움을 줍니다. 목표가 명확하면 무엇에 집중해야 하는지 알

게 됩니다.

(라) 성취감: 목표를 달성할 때의 성취감은 우리에게 새로운 자신을 발
견하게 해 주고, 자신감을 키워 줍니다. 목표를 통해 더 나은 버전
의 자신을 만들 수 있습니다.

나. 목표 설정 과정

목표 설정은 비전을 현실로 만들기 위한 중요한 프로세스입니다. 목표
설정의 과정은 다음과 같습니다.

(가) 비전과 연계: 목표는 비전과 연계되어야 합니다. 목표가 비전을 실
현하기 위한 단계여야 합니다.

(나) 구체화: 목표를 구체적으로 정의합니다. 어떤 결과를 원하는지, 어
떤 일을 해야 하는지 구체적으로 명시해야 합니다.

(다) 기간 설정: 목표를 달성하기 위한 시한을 설정합니다. 기한은 우리
를 더 효과적으로 행동하도록 격려합니다.

(라) 계획 수립: 목표를 달성하기 위한 계획을 수립합니다. 어떤 단계를
거치고, 어떤 자원이 필요한지 계획해야 합니다.

제3항. 창의적 자기 계발을 위한 비전과 목표 설정

창의적 자기 계발은 비전과 목표 설정을 활용하여 자신의 잠재력을 최대
한 발휘하는 과정입니다. 이를 위해 다음과 같은 지침을 따를 수 있습니다.

가. 비전의 작성

비전은 우리 자신의 가치, 열정, 장점, 관심사와 연결해야 합니다. 이러한 요소들을 고려하여 우리 자신만의 독특한 비전을 작성해 봅니다. 비전은 구체적이고 시각적이어야 합니다. 어떤 모습으로 나의 성공을 상상하고 그릴 수 있는지 고민해 봅니다.

나. 목표의 설정

목표는 SMART 기준에 부합해야 합니다. 목표는 특정(Specific), 측정 가능한(Measurable), 달성 가능한(Achievable), 현실적(Realistic), 시한이 정해진(Time-bound) 목표여야 합니다. 단기 목표와 장기 목표를 구분해서 설정하십시오. 단기 목표는 장기 목표를 달성하기 위한 중간 단계로 도움을 줄 수 있습니다.

다. 계획과 실행

목표를 달성하기 위한 계획을 세워야 합니다. 어떤 단계를 거칠 것인지, 필요한 자원은 무엇인지 고려하십시오. 목표를 실행하고 진척을 추적하십시오. 성과를 기록하고 필요한 조정을 해야 합니다.

제4항. 목표 달성을 위한 계획 수립

가. 목표의 명확한 정의

목표를 구체적으로 정의하고 명확하게 이해하는 것이 첫 단계입니다. "어떤 목표를 달성하고 싶은가?"를 명확하게 정의하십시오.

나. 중요도와 우선순위 결정

목표를 달성하기 위한 구체적인 계획을 세워야 합니다. 단계별로 어떤 일을 해야 하는지 정의하고, 일정과 우선순위를 설정해야 합니다.

우선순위를 정하고 어떤 목표에 집중할 것인지 결정해야 합니다.

다. 자원 할당

목표를 달성하기 위해 필요한 자원(시간, 돈, 노력)을 할당하십시오. 이를 통해 목표에 필요한 자원을 관리할 수 있습니다.

라. 창의적 계획 수립

창의적인 방식으로 목표를 달성하기 위한 방법을 고민해야 합니다. 다양한 접근법을 고려하고 새로운 아이디어를 도입하는 것을 고려해야 합니다. 예를 들어, 새로운 기술이나 접근 방식을 활용해 보는 것은 창의적 계획의 한 부분일 수 있습니다.

마. 실행과 평가

목표를 달성하기 위한 계획을 세웠다면 실행에 옮기는 것이 중요합니다. 계획에 따라 일을 진행하고, 진행 상황을 주기적으로 평가하며 조정해야 합니다. 목표 달성 과정에서 얻는 경험과 학습은 더 나은 목표 설정과 계획 수립에 도움을 줄 것입니다.

바. 모니터링과 조정

목표를 추적하고 진전을 모니터링하며 필요한 경우 전략을 조정해야 합니다. 이것은 목표 달성의 중요한 부분입니다.

　비전과 목표 설정은 창의적 자기 계발의 핵심입니다. 비전은 우리 삶의 목적과 의미를 찾게 도와주고, 목표는 비전을 현실로 만들기 위한 계획을 제시합니다. 우리의 비전을 시각화하고, 그것을 현실로 만들기 위한 목표를 설정하는 것은 우리의 성공과 만족감을 위한 필수적인 단계입니다. 비전과 목표 설정을 통해 우리는 우리의 꿈과 목표를 현실로 만들기 위한 도구를 갖게 되며, 창의적인 방식으로 자기 계발을 추진할 수 있습니다. 이 과정에서 창의적 생각과 끈기가 필요하며, 도전과 실패를 견뎌 내는 능력을 키워야 합니다. 이 두 요소를 효과적으로 활용하면, 우리는 더 나은 미래를 만들고 더 나아진 우리 자신을 발견할 수 있을 것입니다.

제2절. SMART 목표 설정 방법

SMART 목표 설정 방법은 목표를 구체적이고 실현 가능하며 계획적으로 달성하기 위한 훌륭한 도구입니다. 이 절에서는 창의적 자기 계발을 위한 SMART 목표 설정 방법을 소개하고 설명하겠습니다.

제1항. SMART 목표 설정 방법의 개요

SMART는 구체적(Specific), 측정 가능한(Measurable), 달성 가능한(Achievable), 현실적(Realistic), 시한이 정해진(Time-bound)의 약어로, 목표 설정을 위한 다섯 가지 중요한 요소의 머리글자를 나타냅니다. 각각의 요소가 목표 설정과 달성 과정을 조율하는 데 도움을 줍니다. 이 방법은 목표를 구체적으로 정의하고, 이해하기 쉽게 만들며, 계획을 수립하고 추적하기 쉽게 도와줍니다. SMART 목표 설정 방법의 다섯 가지 요소는 다음과 같습니다.

가. S - Specific(구체적)

목표를 구체적으로 정의해야 합니다. 구체적인 목표는 무엇을, 어디서, 언제, 어떻게 할 것인지를 명확하게 설명해야 합니다. 구체적인 목표를 설정하면 무엇을 달성하고 어떻게 달성할지에 대한 방향을 뚜렷이 알 수 있습니다. 예를 들면:

"한 달 동안 매주 3시간 동안 창의적인 글쓰기 연습을 하겠습니다."

나. M - Measurable(측정 가능한)

목표는 측정 가능해야 합니다. 달성 여부를 어떻게 판단할 것인지 명확하게 정의해야 합니다. 이것은 목표가 정량적으로 평가될 수 있음을 의미합니다.

어떻게 목표의 성취를 측정할 것인지를 고려해야 합니다. 측정 가능한 목표는 달성도를 추적하고 성과를 확인하기 용이하게 만들어 줍니다. 예를 들면:

"한 달 동안 매주 3시간 동안 창의적인 글쓰기 연습을 통해 매주 적어도 한 편의 글을 완성할 것입니다."

다. A - Achievable(달성 가능한)

목표는 현실적으로 달성 가능해야 합니다. 현실적인 목표는 자신의 능력과 가능성을 고려한 것이며, 너무 높거나 너무 낮지 않아야 합니다. 목표를 달성하기 위한 리소스와 시간을 고려하여 실현 가능한 목표를 설정해야 합니다. 너무 어려운 목표는 동기를 상실하게 할 수 있습니다. 목표가 달성 가능하면 더 큰 동기와 자신감을 얻을 수 있습니다. 예를 들면:

"매일 10시간 이상 글을 쓰는 것은 현실적으로 불가능하므로, 한 달 동안 매주 3시간 동안 창이적인 글쓰기 연습을 하겠습니다."

라. R - Realistic(현실적)

목표는 현실적이어야 합니다. 개인의 상황과 제한을 고려하여 목표를 설정해야 합니다. 예를 들면:

"풀타임 직장을 가지고 있으므로, 한 달 동안 매주 3시간 동안 창의적인 글쓰기 연습을 통해 글을 쓰는 것은 현실적으로 가능합니다."

마. T - Time-bound(시한이 정해진)

목표에는 명시적인 시한이 있어야 합니다. 시한을 설정하면 목표 달성까지의 시간을 제한하고, 목표를 미루지 않고 집중적으로 작업하게 도와줍니다. 목표를 달성하기 위한 명확한 기한을 설정하면 미루기 어려워지며 더 효과적으로 일할 수 있습니다. 예를 들면:

"한 달 동안 매주 3시간 동안 창의적인 글쓰기 연습을 통해 매주 적어도 한 편의 글을 완성할 것입니다."

제2항. SMART 목표 설정 단계

SMART 목표를 설정하는 단계는 다음과 같습니다.

가. 목표 정의

먼저, 어떤 목표를 달성하고자 하는지 명확하게 정의해야 합니다. 구체적이고 명확한 목표는 혼란을 방지하고 목표에 대한 이해를 도울 것입니다. 이러한 목표가 개인적인 성장, 프로젝트 완료, 신체적인 건강 개선 등 무엇이든 될 수 있습니다.

나. 목표를 구체적으로 설명

목표를 최대한 구체적으로 설명합니다. "더 건강해지기" 대신 "매주 3회 운동을 하고, 건강한 식습관을 유지하며 10kg 체중 감량"과 같이 목표를 구체화합니다.

다. 측정 가능한 목표로 만들기

목표를 어떻게 측정할지 고려합니다. 목표가 측정 가능해야 달성 여부를 판단할 수 있습니다. 어떤 지표나 표준을 사용하여 목표 달성을 추적할 수 있는 방법을 고려해야 합니다. "10kg 체중 감량"은 측정 가능한 목표입니다.

라. 달성 가능성 확인

목표가 현실적으로 달성 가능한지 확인합니다. 자원, 시간 및 능력을 고려하여 목표의 현실성을 판단하여야 합니다. 너무 어려운 목표는 동기를 상실하게 할 수 있으므로 목표가 달성 가능한지 반드시 고려해야 합니다.

마. 기한 설정

목표를 달성하기 위한 명확한 기한을 설정합니다. 목표 달성까지의 기간을 명시적으로 지정하여 목표를 추적하고 달성하기 위한 압박을 가해야 합니다. "3개월 안에 10kg 체중 감량"과 같이 기한을 정하면 목표를 달성하기 위한 압박을 느낄 수 있습니다.

SMART 목표 설정 방법에 따라 목표를 설정하게 되면 목표가 명확하게 정의되고, 측정 가능하게 정의되고, 달성 가능하게 정의되고, 현실성 있게 정의되고, 또한, 목표 달성 시한이 설정되어 있는 구체적인 목표가 됩니다. 이러한 목표는 동기를 부여하고 효과적인 계획 수립을 도울 뿐만 아니

라 달성 가능성도 향상시킵니다. SMART 목표 설정 방법을 활용하여 창의
적 자기 계발을 위한 목표를 설정하고 성공을 향해 나아갑시다.

제3절. 시간 관리와 우선순위 설정

창의적 자기 계발은 우리의 역량과 능력을 향상시키고, 미래의 목표를 달성하기 위한 중요한 과제입니다. 그러나 이러한 목표를 달성하기 위해서는 시간 관리와 우선순위 설정의 중요성을 이해하고 실천해야 합니다. 이 절에서는 창의적 자기 계발을 위한 시간 관리와 우선순위 설정에 대해 탐구하고, 이러한 기술을 향상시키는 방법에 대해 논의하겠습니다.

제1항. 시간 관리의 중요성

시간은 우리 모두에게 동일하게 주어진 유한한 자원입니다. 창의적 자기 계발을 위해서는 이 제한된 자원을 효과적으로 활용해야 합니다. 시간을 관리함으로써 단순히 할 일을 완료하는 것을 넘어 창의적인 활동에 더 많은 시간을 할애할 수 있습니다. 시간 관리는 이를 가능하게 하는 핵심 원칙 중 하나입니다. 몇 가지 시간 관리의 중요성을 강조하는 이유는 다음과 같습니다.

가. 목표 달성

시간을 효과적으로 관리하면 우리의 목표를 달성하는 데 도움이 됩니다. 시간 관리를 통해 목표를 세우고, 이를 달성하기 위한 일정을 계획할 수 있습니다.

나. 스트레스 감소

무질서한 시간 관리는 스트레스와 불안을 초래할 수 있습니다. 시간을 효과적으로 관리하면 일정을 예측 가능하게 만들고, 스트레스를 줄일 수 있고, 더 효과적으로 일할 수 있습니다.

다. 창의적 생각을 위한 여유 시간 확보

시간 관리를 통해 여유 시간을 확보하고, 창의적인 생각과 아이디어를 발전시키는 데 사용할 수 있습니다. 창의성을 키우려면 여유로운 시간이 필요합니다. 너무 바쁜 일상에서는 창의적 아이디어가 떠오르기 어려울 수 있습니다. 시간 관리를 통해 여유 시간을 마련하고, 창의적인 생각을 할 수 있는 환경을 조성하는 것이 중요합니다.

라. 생산성 향상

시간을 관리하면 일상생활에서 숨어 있던 여분의 시간을 찾을 수 있습니다. 무의미한 활동을 줄이고, 생산적인 작업에 더 많은 시간을 할애하면 창의성을 향상시키는 활동을 수행할 수 있습니다.

제2항. 우선순위 설정의 중요성

우선순위 설정은 시간 관리와 긴밀하게 연결된 요소입니다. 우선순위를 정하는 것은 어떤 작업을 먼저 처리할 것인지 결정하는 것으로, 창의적 자기 계발에 큰 영향을 미칩니다. 우선순위 설정은 다음과 같은 이유로 중요합니다.

가. 목표와 비전 설정

자기 계발을 위한 목표와 비전을 설정하는 것은 우선순위를 결정하는 첫 단계입니다. 목표가 없다면 어떤 일을 먼저 처리해야 할지 판단하기 어려울 것입니다.

나. 중요성과 긴급성의 구분

스티븐 코비(Stephen R. Covey)의 《7가지 습관 효과》에서 제시한 중요성과 긴급성의 행렬을 활용하여 업무와 활동을 분류하고 우선순위를 정할 수 있습니다. 중요하고 긴급한 일을 먼저 처리하고, 중요하지만 긴급하지 않은 일도 놓치지 않도록 관리해야 합니다.

다. 중요한 작업에 집중

우선순위 설정은 중요한 작업에 집중하도록 도와줍니다. 우선순위 설정을 통해 중요하고 가치 있는 작업에 집중할 수 있습니다. 중요한 작업을 먼저 처리하면 창의성을 향상시키는 활동에 더 많은 시간을 투자할 수 있습니다.

라. 효율적 업무 처리

우선순위를 정하면 중요한 작업에 집중할 수 있으며, 시간을 효율적으로 활용할 수 있습니다.

마. 스트레스 감소

우선순위를 설정하면 작업을 조직화하고, 무엇을 먼저 처리해야 하는지 명확히 알 수 있으므로 스트레스를 감소시킬 수 있습니다.

바. 시간 낭비의 방지

우선순위를 설정하고 시간을 관리함으로써 시간 낭비를 방지할 수 있습니다. 무의미한 활동이나 방황하는 시간을 줄이고, 창의적인 자기 계발을 위해 필요한 일에 집중할 수 있습니다.

제3항. 효과적인 시간 관리와 우선순위 설정 방법

창의적 자기 계발을 위해 시간 관리와 우선순위 설정을 향상시키는 방법은 다음과 같습니다.

가. 명확한 목표 설정

먼저 목표를 명확히 설정해야 합니다. 어떤 것을 달성하고 싶은지 명확하게 이해하면 어떤 작업에 우선순위를 두어야 하는지 결정하기가 쉬워집니다.

나. 우선순위 설정 기준 확립

우선순위를 설정할 때 목표와 가치관을 고려하고, 중요성과 긴급성을 판단하여 결정합니다.

다. 우선순위 설정

일일, 주간, 월간 작업에 대한 우선순위를 설정해야 합니다. 중요하고 긴급한 작업에 우선순위를 두어야 합니다.

라. 일정 관리 계획

자신의 시간을 일정에 맞추도록 해야 합니다. 단기 및 장기적인 목표를 고려하여 스케줄을 계획해야 합니다.

마. To-Do 리스트 작성

하루를 시작할 때, 중요한 일을 To-Do 리스트에 기록하여 작업을 구체화하고 계획할 수 있습니다.

바. 일일 계획 세우기

매일 아침이나 전날 밤에 다음 날의 일정을 계획해야 합니다. 목표와 우선순위에 따라 활동을 일정에 포함시키고, 여유 시간을 확보하도록 노력해야 합니다.

사. 시간 관리 도구 활용

시간 관리 도구를 활용하여 작업을 추적하고 일정을 조절하도록 하십시오. 일정 관리 앱, To-Do 리스드, 노트북, 혹은 일일 일지 등을 사용하여 효과적인 시간 관리를 돕습니다.

창의적 자기 계발을 위해서는 시간 관리와 우선순위 설정이 필수적입니다. 이러한 기술을 향상시키고 일상생활에 적용함으로써, 우리는 목표를 달성하고 창의성을 끌어올리며, 스트레스를 줄일 수 있습니다. 창의적 자기 계발을 위해 이러한 원칙과 방법을 적용하면, 미래에 더 나은 버전의 자신을 만들 수 있을 것입니다.

제4절. 건강한 생활 습관 형성

건강한 생활 습관은 우리의 삶에서 중요한 역할을 하며 창의적 자기 계발을 위한 필수적인 요소 중 하나입니다. 건강한 생활 습관은 우리의 머리와 몸을 올바르게 돌봐 주며, 창의적 능력을 향상시키고 자아 계발을 지원합니다. 이 절에서는 건강한 생활 습관을 형성하고 창의적 자기 계발을 촉진하기 위한 방법에 대해 논의하겠습니다.

제1항. 건강한 생활 습관의 개념 및 중요성

가. 건강한 생활 습관의 정의

건강한 생활 습관은 우리의 일상생활에서 반복적으로 실천하는 습관으로, 몸과 마음의 건강을 유지하고 향상시키는 일련의 활동과 행동을 포함합니다. 이러한 습관은 우리의 라이프스타일의 일부가 되며, 예를 들어 규칙적인 운동, 균형 잡힌 식사, 충분한 수면, 스트레스 관리, 그리고 학습과 성장을 촉진하는 활동들을 포함합니다.

나. 건강한 생활 습관의 중요성

건강한 생활 습관은 우리의 신체와 정신적인 건강에 긍정적인 영향을 미칩니다. 건강한 생활 습관을 형성하면 다양한 이점을 누릴 수 있습니다. 몇 가지 주요 이점은 다음과 같습니다.

(가) 신체 건강 향상: 규칙적인 운동은 근육 강화, 체지방 감소, 심혈관

건강 향상 등을 도와줍니다. 균형 잡힌 식사는 영양소 공급을 최적화하고 대사 활동을 개선합니다. 충분한 수면은 면역 체계를 지원하고 몸의 회복을 돕습니다.

(나) 정신적 안정감: 스트레스 관리와 명상을 통해 정신적 안정성을 찾을 수 있으며, 이는 창의적 생각과 문제 해결 능력을 향상시킵니다.

(다) 자신감 향상: 건강한 생활 습관은 몸과 마음을 관리하는 방법을 배우게 해 주며, 이로써 자신감을 향상시킵니다.

(라) 에너지와 집중력 향상: 건강한 습관은 에너지 수준을 높이고, 더 나은 집중력을 가지게 도와줍니다. 이는 창의성과 학습 능력을 향상시키는 데 도움을 줄 것입니다.

(마) 창의적 자기 계발 지원: 건강한 생활 습관은 몸과 마음을 최적 상태로 유지하므로, 창의적 자기 계발을 위한 기초를 제공합니다.

제2항. 건강한 생활 습관 형성의 핵심 요소

건강한 생활 습관을 형성하기 위해서는 몇 가지 핵심 요소를 고려해야 합니다. 이러한 요소는 다음과 같습니다.

가. 목표 설정과 계획

건강한 생활 습관을 형성하기 위해 목표 설정과 계획이 필요합니다. 명확하고 현실적인 목표를 설정하고 이를 달성하기 위한 계획을 세우는 것이 중요합니다.

나. 신체 건강 관리

(가) 규칙적인 운동: 체력을 강화하고 스트레스를 관리하는 데 운동은 매우 중요합니다. 규칙적인 운동은 뇌 기능을 증진시키며, 창의성을 향상시키는 데 도움을 줄 수 있습니다. 운동은 새로운 아이디어를 생각해 내는 데 도움을 주고, 머릿속의 아이디어를 정리하는 데 도움이 됩니다.

(나) 균형 잡힌 식사: 올바른 영양소를 공급받는 것은 뇌 활동과 창의성을 뒷받침합니다. 채소, 과일, 단백질, 지방 등을 균형 있게 섭취하고 충분한 물을 마셔야 합니다. 식사 중간에 스낵을 통해 에너지를 보충하고 혈당 변동을 줄이는 것도 중요합니다.

(다) 충분한 수면: 수면은 창의성과 학습 능력에 큰 영향을 미칩니다. 충분한 휴식을 취함으로써 뇌는 아이디어를 가공하고 문제를 해결하는 과정을 개선합니다. 7-9시간의 질 좋은 수면을 유지하는 것이 좋습니다.

다. 정신 건강 관리

(가) 스트레스 관리: 스트레스는 창의성을 억누르고 자기 계발을 방해할 수 있습니다. 명상, 요가, 규칙적인 휴가, 취미 활동, 나만의 휴식 공간을 창조하는 것이 도움이 될 수 있습니다.

(나) 자기 탐구: 자기를 이해하고 감정을 관리하는 것은 창의적 자기 계발의 핵심입니다. 일기 쓰기, 아이디어 노트를 작성하기, 미래 목

표를 설정하는 것이 도움이 됩니다.

(다) 지적 호기심: 새로운 지식을 습득하고 다양한 주제에 관심을 갖는 것이 창의성을 촉진합니다. 새로운 책을 읽거나 새로운 기술을 배우는 데 관심을 가져야 합니다.

라. 시간 관리

(가) 우선순위 설정: 생산적이고 창의적인 일을 위해 우선순위를 정하고 목표를 설정해야 합니다. 계획을 세우고 일정을 따르는 것이 중요합니다.

(나) 휴식 시간: 창의성은 휴식을 통해 얻어지기도 합니다. 자신에게 충분한 휴식 시간을 주어 마음을 풀고 아이디어를 창출하도록 해야 합니다.

마. 자기 관리

자기 관리는 창의적 자기 계발의 핵심입니다. 스스로를 관리하고 동기 부여하는 방법을 찾으며, 시간 관리와 우선순위 설정을 통해 효율적으로 자기 관리하도록 해야 합니다.

제3항. 건강한 생활 습관 형성과 유지 방법

가. 목표 설정

건강한 습관을 형성하기 위해 명확한 목표를 설정해야 합니다. 이러한 목표는 동기 부여를 높이고 지속적인 노력을 유지하는 데 도움이 됩니다.

나. 점진적인 변화

큰 변화보다 작은 단계적인 변화를 택하십시오. 이렇게 하면 습관 형성이 더 쉬워질 것입니다.

다. 일정한 일상

습관은 일정한 일상과 연관이 있습니다. 정기적으로 습관을 실천하는 일정을 만들어 유지해야 합니다.

제4항. 습관 개선의 중요성

가. 습관의 역할

습관은 우리의 삶을 지배하는 힘 중 하나로, 우리가 의지력을 소모하지 않고도 행동을 수행할 수 있게 합니다. 하지만 습관은 양날의 검이기도 합니다. 좋은 습관은 우리를 향상시키고 나쁜 습관은 우리를 제약합니다. 창의적 자기 계발을 위해 중요한 습관을 채택하고 나쁜 습관을 교체하는 것이 핵심입니다. 창의성을 키우고 자기 계발을 위한 습관을 만들기 위해서는 다음과 같은 요소를 고려해야 합니다.

(가) 목표 설정: 명확한 목표를 정의하고, 그 목표를 향해 나아가는 습관을 만듭니다.

(나) 소극적 습관 대 대안적 습관: 나쁜 습관을 바꾸기 위해 대안적인 습

관을 도입합니다.

(다) 작은 습관부터 시작: 큰 목표를 달성하기 위해 작은 습관을 형성하는 것이 중요합니다.

(라) 꾸준함과 인내: 습관을 유지하려면 꾸준하고 인내심 있는 노력이 필요합니다.

나. 습관 개선의 단계

습관을 개선하기 위해서는 다음과 같은 단계를 따를 수 있습니다.

(가) 인식: 현재의 습관을 인식하고, 어떻게 개선해야 할지 파악합니다.

(나) 목표 설정: 바꾸고자 하는 습관과 목표를 설정합니다.

(다) 작은 시작: 큰 목표를 작은 조각으로 나누고, 첫 번째 단계부터 시작합니다.

(라) 모니터링과 피드백: 습관의 진행 상황을 모니터링하고, 필요한 조정을 해 나갑니다.

(마) 인내와 꾸준함: 습관 개선은 시간이 걸리며, 꾸준한 노력이 필요합니다.

제5항. 습관 개선을 위한 전략

이 항에서는 습관 개선을 위한 구체적인 전략과 방법을 다룹니다. 습관 개선은 쉽지 않을 수 있지만, 올바른 접근 방식을 통해 성공할 수 있습니다.

가. 명확한 목표 설정

습관 개선을 위한 첫 번째 단계는 명확한 목표 설정입니다. 어떤 습관을 개선하고 싶은지 명확하게 정의하고, 그 목표가 어떻게 자기 계발과 연결되는지 이해해야 합니다. SMART 목표 설정 방법을 활용하여 목표를 구체화하고 실현 가능하게 만들어야 합니다.

나. 점진적 개선

큰 변화를 기대하기보다는 습관을 점진적으로 개선하는 방법을 고려합니다. 작은 단계로 시작하여 습관을 더 효과적으로 개선하고, 스트레스와 저항을 최소화할 수 있습니다.

다. 일정한 일정

개선된 습관을 형성하려면 일정한 일정이 중요합니다. 매일 또는 매주 일정한 시간에 습관을 수행하면 더 쉽게 습관을 개선할 수 있습니다.

라. 지속성

습관을 형성하고 개선하는 데는 시간이 걸립니다. 힘들 때도 포기하지 말고 지속해야 합니다.

건강한 생활 습관을 형성하면 창의적 자기 계발을 위한 강력한 기초를 마련할 수 있습니다. 신체와 정신 건강을 챙기고 시간을 효과적으로 관리하는 것은 창의성을 높이는 핵심입니다. 이러한 습관을 길러 나가면 창의성을 향상시키고 더 나은 자기 계발을 이룰 수 있을 것입니다. 건강한 생활 습관은 우리의 머릿속과 몸을 최적화하며, 창의적 자기 계발의 핵심 도구로 작용합니다. 이러한 습관을 적극적으로 추구하여 더 나은 미래를 향해 나아가는 것이 중요합니다.

제5절. 자기 주도적 학습

자기 주도적 학습은 창의적 자기 계발 능력을 키우는 데 있어 핵심적인 역할을 합니다. 자기 주도적 학습은 지식을 습득하고 능력을 향상시키는 과정에서 개개인이 스스로 주도하여 학습하는 방법을 의미합니다. 이 절에서는 창의적 자기 계발을 위한 자기 주도적 학습 방법에 대해 살펴보겠습니다.

제1항. 자기 주도적 학습의 원칙과 중요성

가. 자기 주도적 학습의 원칙

자기 주도적 학습은 창의적 자기 계발의 핵심입니다. 개인이 자발적으로 지식을 습득하고 자기 계발을 이루어 내는 데 필수적인 역량을 갖추는 것을 의미합니다. 자기 주도적 학습을 위해 몇 가지 원칙을 살펴보겠습니다. 이러한 원칙은 효과적인 학습 환경을 조성하고 창의적 자기 계발을 촉진합니다.

(가) 목표 설정: 사기 주도적 학습의 핵심은 목표 설정입니다. 명확하고 구체적인 학습 목표를 세우는 것은 학습의 방향을 제시하고 동기 부여를 높입니다.
(나) 관심사와 역량 고려: 자기 주도적 학습은 개인의 관심사와 역량에 기반해야 합니다. 자신이 관심 있는 주제와 자신의 강점을 파악하고, 이를 중심으로 학습 계획을 세워야 합니다.

(다) 자원 활용: 인터넷과 도서관 등 다양한 학습 자원을 활용하여 정보를 얻고 지식을 확장해야 합니다. 온라인 강좌, 책, 논문, 오픈 강의 등을 통해 다양한 자료에 접근할 수 있습니다.

(라) 시간 관리: 자기 주도적 학습을 위해 시간을 효율적으로 관리하는 것이 중요합니다. 학습 일정을 세우고 우선순위를 정하며, 불필요한 시간 낭비를 피해야 합니다.

나. 자기 주도적 학습의 중요성

자기 주도적 학습을 통해 개인은 자신의 관심사와 목표에 맞춰 학습을 진행하며, 지속적인 성장을 이룰 수 있습니다. 자기 주도적 학습은 다음과 같은 이유로 중요합니다.

(가) 지속적인 성장: 자기 주도적 학습은 지속적인 성장을 도모합니다. 자신의 관심사나 필요에 맞게 학습 계획을 세우고 이행함으로써 끊임없이 발전할 수 있습니다.

(나) 창의성 강화: 자기 주도적 학습은 창의성을 향상시키는 데 도움을 줍니다. 다양한 정보와 관점을 습득하고 이들을 결합하여 창의적인 아이디어를 발전시킬 수 있습니다.

(다) 독립성 강화: 자기 주도적 학습은 독립성을 증진시킵니다. 자신의 학습을 스스로 조절하고, 문제를 스스로 해결하는 능력을 키웁니다.

제2항. 창의적 자기 계발을 위한 자기 주도적 학습 방법

가. 목표 설정

자기 주도적 학습의 핵심은 명확한 목표를 설정하는 것입니다. 목표는 단기적인 것일 수도 있고 장기적인 것일 수도 있으며, 구체적이고 현실적이어야 합니다. 목표를 설정하면 학습의 방향을 정하고, 동기 부여를 높일 수 있습니다. 목표를 세울 때 다음 사항을 고려해야 합니다.

(가) 구체적이고 측정 가능한 목표를 정의해야 합니다.

(나) 목표를 시간 제약과 함께 설정하여 목표 달성을 추적할 수 있게 하여야 합니다.

(다) 목표를 현실적으로 설정하고 본인의 역량과 제약을 고려해야 합니다.

나. 학습 계획 수립

목표를 설정한 후, 학습 계획을 세워야 합니다. 학습 계획은 어떤 자료를 학습할 것인지, 어떻게 학습할 것인지, 그리고 학습 일정을 포함합니다. 몇 가지 학습 계획의 원칙은 다음과 같습니다.

(가) 학습 자료를 선별하고 정리하고, 핵심 개념을 파악하여야 합니다.

(나) 자원을 활용하여 학습을 보강하여야 합니다. 이것은 책, 온라인 강의, 모멘트 등을 포함합니다.

(다) 학습 일정을 만들고 일정을 엄수해야 합니다.

다. 자기 주도적 학습 기술

자기 주도적 학습은 스킬이 필요합니다. 정보를 찾고 분석하는 능력, 문제 해결 능력, 시간 관리 능력 등이 중요합니다. 이러한 스킬을 계발하고 향상시키도록 해야 합니다. 자기 주도적 학습을 위해 필요한 핵심 기술은 다음과 같습니다.

(가) 목표 지향성: 목표 달성을 위해 힘을 모으고 집중하는 능력을 키워야 합니다.

(나) 자기 관리: 시간 관리, 우선순위 설정, 스트레스 관리 등의 기술을 개발해야 합니다.

(다) 비판적 사고: 정보를 비판적으로 평가하고, 새로운 아이디어와 관점을 개발해야 합니다.

(라) 문제 해결 능력: 복잡한 문제를 해결하고 새로운 해결책을 찾는 능력을 강화해야 합니다.

라. 협력과 공유

자기 주도적 학습은 완전히 독립적으로 이루어지는 것이 아닙니다. 다른 사람과 정보를 공유하고 협력하는 것이 중요합니다. 토론, 그룹 스터디, 온라인 커뮤니티 등을 활용하여 다른 사람과 함께 학습하여야 합니다. 다음은 협력과 피드백을 활용하는 방법입니다.

(가) 멘토링(Mentoring): 경험이 풍부한 멘토로부터 조언과 지도를 받아야 합니다.

(나) 피어 그룹(Peer Group): 공통의 관심사를 공유하는 그룹에서 학습
하고 토론해야 합니다.

(다) 피드백(Feedback) 수용: 다른 사람의 의견을 수용하고, 자신을 발
전시키는 데 활용하여야 합니다.

마. 다양한 자원 활용

창의적 자기 계발을 위해 다양한 자원을 활용해야 합니다. 책, 온라인
강의, 워크샵, 그룹 스터디 등을 활용하여 지식을 습득하고 아이디어를 공
유하여야 합니다. 학습을 위해 필요한 자료와 도구를 수집하여야 합니다.
온라인 강의, 책, 논문, 동영상, 워크샵 등 다양한 리소스를 활용할 수 있
습니다. 또한, 멘토나 전문가와의 상담도 유용할 수 있습니다.

바. 자기 평가

자기 주도적 학습에서 중요한 부분은 자기 평가입니다. 자신의 강점과
약점을 파악하고, 학습 중에 어떤 부분을 보완해야 하는지 이해하는 것이
중요합니다. 이를 통해 효율적으로 학습 계획을 세울 수 있습니다.

사. 실패와 피드백 수용

자기 주도적 학습 과정에서 실패는 피할 수 없는 부분입니다. 하지만
실패는 성장의 기회이기도 합니다. 실패한 경험을 피드백으로 활용하고,
계속해서 자기 개선을 시도해야 합니다. 실패는 학습과 성장의 기회로 받
아들여야 합니다.

아. 꾸준함과 인내

자기 주도적 학습은 꾸준한 노력과 인내를 필요로 합니다. 목표를 달성하는 데 오랜 시간이 걸릴 수 있으므로, 포기하지 않고 꾸준히 학습을 지속해야 합니다.

자기 주도적 학습은 창의성과 자기 계발을 촉진하는 강력한 도구입니다. 자기 주도적 학습은 끊임없는 자기 발전과 창의성을 실현하기 위한 핵심입니다. 목표 설정, 학습 계획 수립, 학습 기술 향상, 협력과 피드백, 그리고 실패와 인내에 대한 태도를 개발하여 더 나은 자기 계발과 성공을 위한 길을 열어 갈 수 있을 것입니다. 자기 주도적 학습은 지속적인 과정이므로 꾸준한 노력과 자기 모니터링이 필요합니다. 이러한 방법을 통해 자신의 잠재력을 최대한 발휘하고 미래에 대비할 수 있을 것입니다.

제2장

창의적 변화와 혁신

제1절. 창의적 자기 계발의 개념과 특징

자기 계발은 우리의 삶을 개선하고 발전시키는 중요한 과정 중 하나입니다. 이는 우리의 지식, 기술, 신체 건강, 정신적 안녕, 정서적 안정, 사회적 기술 등을 향상시키는 것을 포함합니다. 그러나 창의적 자기 계발은 단순히 기존 방식을 따르는 것이 아니라 창의적 생각과 혁신적인 접근을 통해 자기 계발을 추구하는 과정을 의미합니다. 이 절에서는 창의적 자기 계발의 개념과 특징에 대해 논의하겠습니다.

제1항. 창의적 자기 계발의 개념

가. 창의적 자기 계발의 개념

자기 계발은 개인이 자기 스스로를 향상시키고 성장시키는 과정을 의미합니다. 이것은 신체, 마음, 정신, 직업, 인간관계 및 여러 다른 측면에서 이루어질 수 있습니다. 자기 계발의 목표는 개인의 능력과 잠재력을 최대한 발휘하고, 미래의 목표를 달성하기 위해 지속적인 학습과 발전을 통해 더 나은 버전의 자신을 만들어 내는 것입니다.

창의적 자기 계발은 자아 실현과 학습을 결합하는 과정으로 정의할 수 있습니다. 이것은 개인이 자신의 역량, 지식, 기술, 태도 등을 개선하고 발전시키며, 동시에 창의적 생각과 문제 해결 능력을 강화하는 것을 의미합니다. 창의적 자기 계발은 개인의 경험, 열정, 목표, 관심사 등을 반영하여 맞춤형으로 수행됩니다. 창의적 자기 계발은 지식의 증가뿐만 아니라 문제 해결 능력, 혁신성, 창의성, 예술적 표현, 창조적 아이디어 등을 개발하는 것도 목표로 합니다.

나. 창의적 자기 계발의 특징

창의적 자기 계발은 다음과 같은 특징을 가지고 있습니다.

(가) 목표 지향적: 창의적 자기 계발은 명확한 목표나 비전을 기반으로 합니다. 목표를 설정하고 그 목표를 향해 노력하면서 개인의 능력과 자아 성찰을 향상시키는 것이 핵심입니다. 목표는 실용적이며 구체적이어야 하며, 단기 및 장기 목표로 구분할 수 있습니다.

(나) 창의적 생각 강화: 창의적 자기 계발은 상상력, 비판적 사고, 문제 해결 능력 등을 강조합니다. 이것은 단순히 지식을 습득하는 것을 넘어서 새로운 아이디어를 발견하고 새로운 방법으로 접근하는 것을 의미합니다.

(다) 개인의 삶에 적용 가능: 창의적 자기 계발은 효과적인 방법을 발견하고 그것을 현실 세계에 적용하는 것을 강조합니다. 이것은 이론적인 지식을 현실적인 문제 해결과 연결시키는 것을 의미합니다.

창의적 자기 계발은 개인의 직업, 교육, 취미, 인간관계 등 모든 측면에 적용될 수 있습니다.

(라) 다양성과 다분야 접근: 창의적 자기 계발은 다양한 분야의 지식과 경험을 통합하고 상호 연결시키는 것을 촉진합니다. 이것은 다양한 관점에서 문제를 바라보고 다양한 분야의 지식을 활용하여 창의적 해결책을 찾는 것을 의미합니다.

(마) 다양한 학습 방법: 창의적 자기 계발은 다양한 학습 방법을 활용합니다. 이는 독서, 온라인 강의, 튜토리얼, 멘토링, 그룹 토론 등을 포함합니다.

(바) 실험과 실패 수용: 창의적 자기 계발은 실험을 통해 학습하고 실패를 통해 성장하는 것을 장려합니다. 실패는 새로운 아이디어와 방법을 발견하는 과정에서 필수적인 요소로 간주됩니다.

(사) 지속적인 발전: 창의적 자기 계발은 지속적인 발전을 목표로 합니다. 창의적 자기 계발은 단기 목표 달성이 아닌 평생의 과정입니다. 개인은 계속해서 학습하고 개선하며 발전하려는 의지를 가져야 합니다. 개인은 시간이 지남에 따라 스스로를 발전시키며 새로운 목표를 설정합니다.

제2항. 창의적 자기 계발의 중요성

가. 무한한 가능성과 새로운 기회 창출

창의적 자기 계발은 무한한 가능성을 열어 줍니다. 우리는 점진적으로 더 나은 사람으로 성장할 수 있으며, 자신의 한계를 계속해서 넓힐 수 있습니다. 그것은 우리가 가장 높은 목표를 이루기 위해 필요한 도구와 열쇠입니다. 창의적 자기 계발을 통해 우리는 새로운 기회를 창출하고 활용할 수 있습니다. 기존의 능력을 개선하거나 새로운 기술을 배우면서, 우리는 다양한 분야에서 새로운 일들을 해낼 수 있게 됩니다.

나. 지속적인 학습

창의적 자기 계발은 끊임없는 학습을 통해 가능해집니다. 지식과 기술은 계속해서 발전하고 변화하기 때문에, 개인은 학습을 통해 최신 정보와 도구를 습득하고 이를 자신의 아이디어와 프로젝트에 적용해야 합니다. 끊임없는 학습은 창의성을 유지하고 발전시키는 핵심 요소 중 하나입니다.

다. 문제 해결 능력 향상

창의적 자기 계발은 문제 해결 능력을 향상시킵니다. 문제 해결은 현실 세계에서 발생하는 다양한 도전과 과제를 해결하는 능력을 말합니다. 창의적 자기 계발은 새로운 방법과 접근법을 개발하고, 예상치 못한 상황에서도 문제를 해결할 수 있는 능력을 키우는 데 도움을 줍니다.

라. 혁신과 경쟁력 강화

창의적 자기 계발은 기업, 조직, 그리고 개인에게 혁신과 경쟁 우위를 제공할 수 있습니다. 새로운 아이디어와 접근법을 개발하면 제품과 서비스의 품질을 향상시키고 새로운 시장을 개척하는 데 도움이 됩니다. 또한, 창의적인 개인은 시장에서 더 큰 가치를 창출하고 더 많은 기회를 얻을 수 있습니다.

마. 개인적 성장과 만족감

창의적 자기 계발은 무엇보다도 개인적 성장과 만족감을 촉진합니다. 새로운 아이디어를 개발하고 프로젝트를 성공적으로 수행하는 것은 자신감을 향상시키며 자기 존중감을 높입니다. 이로써 개인은 더 높은 목표를 세우고 더 나은 삶을 추구할 동기를 얻을 수 있습니다.

제3항. 창의적 자기 계발의 도구와 전략

가. 창의적 자기 계발의 도구

(가) 독서와 학습: 독서와 학습은 자기 계발의 핵심입니다. 책, 온라인 강의, 워크샵 등을 통해 새로운 지식을 습득하고 역량을 키울 수 있습니다.
(나) 명상과 정신 건강: 정신 건강은 자기 계발에서 중요한 부분입니다. 명상과 정신적인 안녕을 유지하는 것은 스트레스 관리와 창의성을 향상시키는 데 도움이 됩니다.
(다) 신체 건강: 신체 건강은 더 나은 삶을 위한 필수적인 요소입니다. 운동과 올바른 식사 습관을 통해 신체 건강을 유지하면 에너지와 생산성을 향상시킬 수 있습니다.

나. 창의적 자기 계발의 전략

자기 계발을 위해 다음과 같은 전략을 고려할 수 있습니다.

(가) 목표 설정: 창의적 자기 계발의 시작은 구체적이고 현실적인 목표를 설정하는 것입니다. 명확한 목표는 자신의 노력과 에너지를 효과적으로 이끌어 낼 수 있도록 돕습니다.

(나) 계획과 실행: 목표 설정 후, 계획을 세우고 실행에 옮기는 것이 중요합니다. 계획은 어떻게 목표를 달성할 것인지를 구체적으로 설명하며, 실행은 그 계획을 실천으로 옮기는 것입니다.

(다) 지속적인 학습: 자기 계발은 지속적인 학습과 성장을 요구합니다. 새로운 지식과 기술을 습득하며, 계속해서 발전하고 개선하도록 노력해야 합니다.

(라) 시간 관리: 자기 계발을 위한 시간을 일정에 포함하고 우선순위를 두는 습관을 만듭니다.

(마) 평가와 지속적인 개선: 주기적인 자기 평가를 통해 어떻게 발전할 수 있는지 파악하고 조정합니다.

창의적 자기 계발은 현대 사회에서 능력 향상, 문제 해결, 혁신, 경쟁 우위, 그리고 개인적 성장을 위한 핵심적인 요소입니다. 이것은 창의성, 혁신성, 자기 주도성, 실험과 실패 수용, 그리고 다양한 분야에서의 지식을 결합하는 것을 강조합니다. 창의적 자기 계발을 통해 우리는 개인적인 성장과 사회적인 기여를 극대화할 수 있으며, 지속적인 학습과 개발을 통해 우리 자신과 세계를 변화시킬 수 있는 힘을 발견할 수 있을 것입니다.

제2절. 창의적 변화와 혁신의 개념과 중요성

창의적 자기 계발은 개인이 자신의 역량을 향상시키고 새로운 아이디어와 접근 방식을 발전시키는 과정을 의미합니다. 이를 위해서는 창의적 변화와 혁신이 중요한 역할을 합니다. 이 절에서는 창의적 자기 계발과 창의적 변화 및 혁신의 개념과 특징에 대해 논의하겠습니다.

제1항. 창의적 변화와 혁신의 개념

가. 변화(Changes)와 혁신(Innovation)의 정의

변화와 혁신은 종종 혼동되는 용어로 사용되지만, 서로 다른 의미를 가지고 있습니다. 변화는 단순히 어떤 것이 이전 상태에서 다른 상태로 이동하는 것을 나타내며, 예를 들어 새로운 일상 습관을 만들거나 새로운 일자리로 전환하는 것이 해당됩니다. 반면, 혁신은 창의성을 실제로 실행에 옮겨 새로운 제품, 서비스, 프로세스 또는 비즈니스 모델을 개발하는 과정을 의미합니다. 혁신은 이전의 상태나 방식을 혁신적인 아이디어나 기술을 통해 개선하거나 새로운 것을 창조하는 것을 포함합니다. 혁신은 기존의 것을 개선하거나 혁신적인 변화를 가져와 조직이나 개인의 성과를 향상시킵니다. 혁신은 창의성을 현실로 구현하는 것을 목표로 합니다.

나. 창의적 자기 계발에서 변화와 혁신의 역할

창의적 자기 계발은 우리의 삶에서 중요한 부분을 차지하며, 우리는 습관, 지식, 기술, 태도 등을 향상시키는 데 노력합니다. 변화와 혁신은 창의

적 자기 계발에서 다음과 같이 핵심적인 역할을 합니다.

(가) 변화의 역할

(1) 습관 형성: 변화는 우리가 나쁜 습관을 교체하고, 건강한 습관을 형성하는 데 도움을 줍니다. 예를 들어, 운동이나 건강한 식습관을 도입하면 몸과 마음이 개선됩니다.

(2) 경험 다각화: 새로운 경험과 활동을 시도하면 우리의 지식과 역량이 확장되며 창의적인 자기 계발을 촉진합니다.

(3) 성장 촉진: 변화는 편안한 곳에서 벗어나 불안과 불확실성을 다루는 방법을 배우게 해 줍니다. 이는 우리의 성장을 촉진하고, 우리가 혁신적인 방식으로 문제를 해결하도록 자극합니다.

(나) 혁신의 역할

(1) 문제 해결 능력 강화: 혁신은 새로운 아이디어와 접근법을 개발하도록 우리를 도와줍니다. 이것은 우리가 더 효과적으로 문제를 해결하고 목표를 달성하는 데 도움을 줍니다.

(2) 창의적 생각 능력 향상: 혁신은 창의적 생각과 창조성을 촉진하며, 우리가 새로운 것을 창조하는 데 기여합니다.

(3) 경쟁력 강화: 혁신은 경쟁에서 우위를 가지는 데 도움을 줍니다. 혁신적인 아이디어와 제품은 시장에서 경쟁력을 확보하고 성공을 이룰 수 있는 열쇠가 될 수 있습니다.

다. 변화와 혁신의 필요성

과거에는 안정성과 예측 가능성이 가치를 지니는 경우가 많았지만, 지금은 불확실성과 변동성이 더 일상적으로 다가옵니다. 급변하는 경제 환경, 새로운 기술의 등장, 사회적 트렌드의 변화, 그리고 글로벌 경쟁은 조직과 개인이 기존의 방식을 고수하기보다는 적응하고 혁신하도록 요구하고 있습니다.

제2항. 창의적 변화와 혁신의 특징

가. 비선형적(Nonlinearity)

창의적 변화와 혁신은 종종 비선형적인 과정을 따릅니다. 이것은 예측 불가능하고 불확실한 상황에서 발생할 수 있으며, 다양한 아이디어와 요소들이 조합되어 새로운 것이 만들어질 수 있음을 의미합니다. 따라서 창의적 자기 계발을 통해 비선형적 생각을 키우는 것이 중요합니다.

나. 위험 관리와 실패 수용

창의적 변화와 혁신은 실패와 리스크를 동반합니다. 새로운 아이디어나 프로젝트가 항상 성공하는 것은 아니며, 실패의 가능성이 존재합니다. 그러나 이러한 실패는 학습과 성장의 기회가 될 수 있습니다. 리스크를 감수하고 실패를 받아들이는 자세가 창의적 변화와 혁신을 추진하는 데 필수적입니다. 따라서 실패를 두려워하지 않고 실패로부터 배우는 능력이 중요합니다.

다. 다양성과 협력

창의적 변화와 혁신은 다양한 관점과 배경을 가진 사람들이 협력하는 과정을 강조합니다. 이러한 협력을 통해 다양한 아이디어가 결합되고 더 나은 해결책이 창출될 수 있습니다. 따라서 창의적 자기 계발을 위해서는 다양한 사람들과의 협력과 의사소통 능력을 키우는 것이 중요합니다.

라. 지속적 학습

창의적 변화와 혁신을 추구하는 개인이나 조직은 지속적인 학습과 개선을 필요로 합니다. 변화하는 환경에 대응하기 위해 항상 새로운 지식을 습득하고 현재의 실천을 개선하는 과정이 중요합니다.

제3항. 창의적 변화와 혁신의 중요성

개인 차원에서 변화와 혁신은 창의적 자기 계발의 중요한 부분입니다. 혁신적으로 생각하고 행동하는 것은 새로운 아이디어를 발견하고 새로운 방식으로 문제를 해결할 수 있는 능력을 의미합니다. 개인 차원에서의 혁신은 무엇보다도 자기 자신에 대한 이해와 개선을 필요로 합니다. 개인 차원에서 창의적 변화와 혁신은 다음과 같은 이유로 중요합니다.

가. 문제 해결

혁신은 복잡한 문제를 해결하는 데 도움을 줄 수 있습니다. 새로운 관점과 방법을 도입하여 과거에는 해결하기 어려웠던 문제들을 해결할 수 있게 됩니다.

나. 새로운 기회 창출

변화와 혁신은 새로운 기회를 창출합니다. 새로운 시장, 새로운 고객층, 미래의 성장 영역을 발견하고 이를 활용할 수 있습니다.

다. 개인 성장

개인적인 관점에서도 변화와 혁신은 중요합니다. 새로운 아이디어를 생각하고 적용함으로써 우리는 개인적인 창의성을 키우고 성장할 수 있습니다.

변화와 혁신은 창의적 자기 계발의 핵심입니다. 빠르게 변화하는 세상에서 생존하고 성공하기 위해서는 끊임없이 발전하고 혁신해야 합니다. 창의적 자기 계발은 창의적 변화와 혁신의 개념과 특징을 이해하고 이를 실제로 실천하는 과정을 통해 이루어집니다. 비선형성, 실패 허용, 다양성과 협력은 이를 통해 발전할 수 있는 핵심 요소이며, 이러한 능력은 개인 및 조직의 성공을 도모할 수 있습니다. 따라서 창의적 자기 계발을 통해 우리의 미래를 밝게 그리고 지속적인 성장을 추구하는 것이 중요합니다.

제3절. 자기 계발과 창의적 변화

빠르게 변화하는 세상에서는 창의적으로 문제를 해결하고 새로운 아이디어를 개발하는 능력이 필수적입니다. 이러한 환경에서 창의성을 개발하고 발전시키는 것은 자기 계발의 중요한 부분 중 하나입니다. 이 절에서는 창의적 자기 계발을 위한 창의적 변화에 대해 논의하겠습니다.

제1항. 창의적 변화의 개념

가. 창의적 변화의 정의

창의적 변화란 기존의 방식과 관행을 벗어나 새로운 접근법, 아이디어, 또는 방향으로 나아가는 과정을 의미합니다. 이는 자기 계발과 관련하여 자신의 습관, 태도, 지식, 능력 등을 혁신적으로 발전시키는 것을 의미합니다. 창의적 변화는 혁신적 생각과 개선적 생각의 조화를 통해 이루어집니다.

나. 창의적 변화의 필요성

창의적 변화는 일상적인 일과 루틴에서 벗어나는 것을 의미합니다. 이것은 자기 계발에 있어 중요한 부분입니다. 우리는 늘 같은 방식으로 일하고 살면서 변화 없이 계속해서 성장하기 어렵습니다. 따라서 변화를 통해 더 나은 자기 계발을 위한 기회를 찾아야 합니다. 창의적 변화가 필요한 이유는 다양합니다.

(가) 경쟁력 강화: 기술과 경제의 변화는 계속해서 진화하고 있으며, 이에 따라 새로운 기회와 도전 과제가 계속해서 등장합니다. 창의적 변화를 통해 이러한 기회를 잡고 경쟁력을 확보할 수 있습니다.

(나) 문제 해결 능력 향상: 문제 해결과 혁신은 조직과 개인의 성공에 필수적입니다. 창의적 변화는 문제를 해결하고 새로운 제품, 서비스, 또는 프로세스를 개발하는 데 도움을 줍니다.

(다) 개인의 성장과 만족도 향상: 창의적 변화는 개인의 성장과 만족도에도 기여합니다. 새로운 아이디어를 발견하고 구현함으로써 개인은 자신의 능력을 더욱 향상시키고, 자아실현의 기회를 얻을 수 있습니다. 개인적인 창의적 변화는 자기 계발의 핵심 요소 중 하나입니다.

제2항. 창의적 변화의 특성과 방법

가. 창의적 변화의 특성

변화는 우리의 삶에서 필수적인 부분입니다. 우리는 시대가 변화하면서 새로운 기술과 문화와 마주하며 성장하고 발전합니다. 창의적 자기 계발은 이러한 변화의 흐름을 이해하고 직극적으로 수용하는 것을 의미합니다. 창의성은 새로운 아이디어와 관점을 발견하고, 그것을 혁신적으로 구현하는 능력입니다. 변화와 창의성은 밀접한 관련이 있습니다. 창의적 자기 계발을 위해서는 일상적인 패턴을 깨고 새로운 시각으로 세상을 바라봐야 합니다. 변화를 수용하고, 그것으로부터 영감을 받아 창의적으로 생각하고 행동하는 것이 필수입니다.

변화에 대한 거부감은 창의적 자기 계발을 방해하는 가장 큰 장애물 중 하나입니다. 하지만 우리는 변화를 피할 수 없습니다. 우리가 거부하는 것은 변화 자체가 아니라, 변화에 대한 두려움과 불안감입니다. 이를 극복하기 위해서는 변화를 긍정적으로 받아들이고, 새로운 가능성을 찾아보는 자세가 필요합니다.

나. 창의적 변화의 구체적 방법

(가) 새로운 습관 형성: 새로운 습관을 형성하면 일상적인 루틴을 더 풍부하게 만들 수 있습니다. 예를 들어, 매일 책을 읽는 습관이나 운동 습관을 형성하면 더 건강하고 지적으로 성장할 수 있습니다. 예를 들어, 독서, 예술 활동, 팀 프로젝트 참여 등이 도움이 될 수 있습니다.

(나) 자기 도전과 목표 설정: 새로운 목표를 세우고 도전을 통해 창의적으로 변화를 이뤄 낼 수 있습니다. 이를 통해 우리는 스스로를 끊임없이 발전시킬 수 있습니다.

(다) 학습과 지식 증진: 계속적인 학습과 지식 증진은 창의적 변화를 지원합니다. 새로운 지식과 정보를 습득하고 이를 다양한 맥락에 적용하는 것이 중요합니다.

(라) 문제 해결 능력 강화: 문제 해결 능력은 창의적 변화의 핵심입니다. 문제를 다양한 관점에서 분석하고 창의적인 해결책을 찾는 연습이 필요합니다.

다. 창의적 변화의 예

창의적 자기 계발을 위한 예시로, 아래와 같은 변화를 생각해 볼 수 있습니다.

(가) 새로운 취미나 관심 분야를 탐구하며, 그것을 통해 새로운 기술이나 스킬을 습득하는 것.
(나) 새로운 사람들을 만나 인맥을 넓히고, 다양한 시각과 경험을 얻는 것.
(다) 새로운 환경에서 생활하거나 여행을 통해 새로운 문화와 환경을 경험하는 것.

제3항. 창의적 변화의 구현 단계

가. 인식과 인지

창의적 변화의 첫 번째 단계는 현재의 상황을 인식하고 문제점을 파악하는 것입니다. 이를 위해 관찰, 연구, 정보 수집이 필요합니다.

나. 긍정적 마음가짐

창의적 변화를 위한 다음 단계는, 긍정적이고 개방적인 마음가짐을 갖는 것이 중요합니다. 새로운 아이디어에 열린 자세로 상황을 접근하고, 다양한 정보와 관점을 수용하는 것이 필요합니다.

다. 다양한 도구와 기술 활용

창의적 변화를 실현하기 위해서는 문제 해결 및 혁신을 위한 도구와 기술도 활용할 수 있습니다. 디자인 생각, 시스템적 생각, 스토리텔링, 그리고 협업 등의 기술은 창의적 변화를 이끌어 내는 데 도움이 됩니다.

라. 실행과 실패 수용

창의적 변화를 실현하기 위해서는 행동을 취해야 합니다. 아이디어를 실행하고 실험하며, 필요한 조치를 취합니다. 또한, 실패를 학습의 새로운 기회로 수용해야 합니다.

마. 지속적인 학습

지속적인 학습과 자기 계발 역시 창의적 변화를 실현하는 핵심입니다. 새로운 지식과 기술을 습득하고 개발하여 능력을 향상시키며, 지속적으로 성장하는 것이 중요합니다.

창의적 자기 계발은 우리의 삶을 더 풍요롭게 만들고, 우리의 잠재력을 최대한 발휘하는 것을 의미합니다. 창의적 변화는 이러한 목표를 달성하기 위한 핵심 개념 중 하나로, 변화에 대한 열린 태도와 창의적인 생각을 통해 우리의 미래를 밝게 만들어 가는 과정을 나타냅니다. 창의적 변화는 우리의 자기 계발 과정을 더욱 풍부하고 효과적으로 만들어 줄 수 있는 힘을 지니고 있습니다. 창의성과 자기 계발을 조합하면 우리는 더 나은 삶을 만들어 갈 수 있으며, 새로운 도전과 경험을 통해 성장할 수 있습니다. 창의적 변화를 추구하면 자기 계발의 길은 더욱 흥미로워지고, 더욱 의미 있게 될 것입니다.

제4절. 자기 계발과 창의적 혁신

물리적인 공간, 업무 방식, 생활 습관, 아이디어 발상 방법 등 여러 측면에서 창의적 혁신은 개인과 조직의 성공을 이루어 가는 핵심적인 역할을 합니다. 이 절에서는 창의적 혁신이 무엇인지, 왜 중요한지, 그리고 이를 어떻게 실현할 수 있는지에 대해 논의하겠습니다.

제1항. 창의적 혁신의 개념

가. 창의성과 혁신의 연관성

창의성과 혁신은 밀접한 관련이 있습니다. 창의적인 생각을 통해 새로운 아이디어를 발견하고, 이러한 아이디어를 혁신적으로 구현함으로써 더 나은 결과를 얻을 수 있습니다. 창의성과 혁신은 자기 계발의 핵심 요소입니다. 창의성은 새로운 아이디어를 생각해 내는 능력이며, 혁신은 이러한 아이디어를 현실로 실현시키는 것입니다. 창의적 자기 계발은 이 두가지를 결합하여 우리 자신을 더 나은 방향으로 이끄는 과정입니다.

나. 창의적 혁신의 개념

창의적 혁신은 새로운 아이디어와 방법을 발견하고 이를 실제로 적용하여 변화를 이끌어 내는 과정을 의미합니다. 이것은 자기 계발에 있어서 중요한 역할을 합니다. 창의적 혁신은 반복적이고 관습적인 방식에서 벗어나 새로운 시각과 접근법을 개발하고 실행하는 과정을 나타냅니다. 창의적 혁신은 기존의 상황을 개선하거나 완전히 새로운 방식으로 접근하여 비즈니스, 기술, 예술 및 다양한 분야에서 중요한 역할을 합니다.

다. 창의적 혁신의 핵심 요소

창의적 자기 계발은 개인이 창의적 혁신을 실현하기 위한 핵심입니다. 이것은 개인의 능력과 역량을 향상시키고 창의력을 촉진하는 과정으로, 다음과 같은 요소를 포함합니다.

(가) 지식과 스킬 획득: 창의적 혁신을 위해서는 풍부한 지식과 스킬이 필요합니다. 새로운 아이디어를 개발하고 구현하기 위해서는 해당 분야의 전문 지식과 기술이 필요합니다.

(나) 자기 인식과 태도: 창의적 혁신은 자기 인식과 태도에도 영향을 미칩니다. 자기를 믿고 실패를 두려워하지 않는 태도가 창의력을 키우는 데 중요합니다.

(다) 문제 해결 능력: 문제 해결 능력은 창의적 혁신의 핵심입니다. 문제를 정의하고 창의적으로 해결하는 능력은 혁신을 촉진합니다.

제2항. 창의적 혁신의 중요성

가. 경쟁력 강화

창의적 혁신은 기업이나 개인이 시장에서 경쟁 우위를 차지하는 데 도움이 됩니다. 새로운 제품, 서비스 또는 접근 방식을 개발하면 다른 경쟁자들보다 먼저 시장에 나올 수 있으며, 이를 통해 고객을 끌어들일 수 있습니다.

나. 지속적 성장과 발전

창의적 혁신은 조직이나 개인의 지속적인 발전을 촉진합니다. 새로운 아이디어와 접근 방식을 통해 항상 더 나은 방법을 찾고 개선하며 성장할 수 있습니다.

다. 문제 해결 능력 강화

창의적 혁신은 문제 해결 능력을 강화하는 데 도움을 줍니다. 새로운 아이디어와 접근법을 개발하면 어려운 문제에 대한 해결책을 찾을 수 있으며, 이는 개인의 자기 계발을 높이는 데 도움이 됩니다.

라. 자기 동기 부여

창의적 혁신은 자기 동기를 높이는 데 기여합니다. 새로운 아이디어를 발견하고 구현하는 과정은 자신감과 열정을 키우는 데 도움이 됩니다.

제3항. 창의적 혁신의 구현 방법

가. 다양한 자극과 경험

창의적 혁신을 위해 다양한 자극과 경험을 적극석으로 추구해야 합니다. 새로운 아이디어를 발견하기 위해서는 다양한 분야의 지식과 경험을 획득하고 이를 연결시키는 능력이 중요합니다.

나. 시간과 공간의 유연성

창의적 혁신을 위해 시간과 공간의 유연성을 확보해야 합니다. 자기 계발을 위한 시간과 공간을 마련하고, 무료한 환경에서 아이디어를 자유롭게 발전시킬 수 있어야 합니다.

다. 꾸준한 학습과 탐구

새로운 지식과 아이디어를 얻기 위해 학습과 탐구를 꾸준히 추구해야 합니다. 책, 온라인 강의, 토론, 연구 등을 통해 학습을 지속적으로 실천해야 합니다.

라. 실험과 실패 수용

창의적 혁신은 실험과 실패를 통해 이루어집니다. 실패를 두려워하지 말고 실험을 통해 새로운 아이디어를 발견하고 개선하도록 해야 합니다.

마. 협력과 피드백

다른 사람들과 협력하고 피드백을 받는 것은 창의적 혁신을 촉진하는데 중요합니다. 다양한 시각과 의견을 수용하고 협력을 통해 아이디어를 발전시킬 수 있습니다.

창의적 혁신은 창의적 자기 계발을 위한 중요한 요소로 작용합니다. 학습, 실험, 협력, 탐구, 그리고 열린 태도는 창의적 혁신을 향한 길을 열어줄 것입니다. 새로운 아이디어를 발견하고 실행함으로써 개인과 조직의 성공을 이루어 내는 과정은 계속해서 진화하고 변화하며, 자기 계발을 향상시키는 데 큰 역할을 합니다. 따라서 창의적 혁신을 적극적으로 추구하고 이를 통해 자기 계발을 이루어 나가는 것은 매우 중요합니다. 또한, 우리 스스로 자신의 잠재력을 최대한 발휘하고 창의적인 혁신을 이끌어 내는 데 도움이 되는 도구와 방법을 찾아보아야 합니다.

제5절. 자기 계발과 창의적 변화와 혁신

창의적 자기 계발은 우리의 지식과 기술을 향상시키며 더 나은 사회 및 개인적 성장을 위해 중요한 역할을 합니다. 창의적 변화와 혁신은 새로운 아이디어와 기술을 개발하고, 이를 적용하여 문제를 해결하거나 삶의 질을 향상시키는 것을 의미합니다. 이 절에서는 창의적 변화와 혁신이 무엇인지, 왜 중요한지, 그리고 어떻게 개인의 자기 계발과 연결되는지에 대해 논의하겠습니다.

제1항. 자기 계발과 창의적 변화와 혁신의 개념

가. 창의적 자기 계발

창의적 자기 계발은 개인이 자신의 창의성과 혁신력을 향상시키는 것을 의미합니다. 이것은 단순히 지식을 쌓는 것이 아니라, 그 지식을 새로운 방식으로 활용하고 확장하는 것을 의미합니다. 창의적 자기 계발은 다음과 같은 핵심 요소를 포함합니다.

(가) 호기심과 탐구: 호기심은 창의적 자기 계발의 원동력 중 하나입니다. 호기심을 가지고 세상을 탐험하고 새로운 정보와 아이디어를 습득하는 것은 창의성을 키우는 첫걸음입니다.

(나) 실험과 실패: 창의적 자기 계발은 실험과 실패의 과정을 포함합니다. 새로운 아이디어나 접근법을 시도하며 실패를 겪는 것은 두려워하지 말아야 합니다. 실패는 학습과 성장의 기회로 바뀔 수 있습

니다.

(다) 다양한 영감과 자극: 창의적 자기 계발을 위해서는 다양한 영감과 자극이 필요합니다. 다른 분야의 아이디어나 문제 해결 방법을 탐구하고 이를 자신의 분야에 적용할 수 있습니다.

(라) 협업과 공유: 창의적 자기 계발은 혼자서만 이루기 어렵습니다. 다른 사람과 협력하고 아이디어를 공유하면 더 많은 아이디어와 통찰력을 얻을 수 있습니다.

나. 창의적 변화와 혁신

창의적 변화와 혁신은 단순히 기존의 방식을 변화시키는 것 이상의 의미를 가지고 있습니다. 이것은 새로운 아이디어를 발견하고 이를 현실로 구현하는 과정을 의미합니다. 이 과정은 다음과 같은 특징을 가지고 있습니다.

(가) 아이디어의 발견: 창의적 변화와 혁신의 시작은 새로운 아이디어의 발견입니다. 이때 중요한 것은 모든 아이디어가 좋은 것은 아니지만, 열린 마음과 호기심을 가지고 주변에서 영감을 얻는 것입니다.

(나) 실험과 학습: 아이디어를 발견한 후, 이를 실험하고 학습해야 합니다. 실패는 학습의 일부이며, 실패를 통해 더 나은 방향을 찾을 수 있습니다.

(다) 혁신의 구현: 아이디어를 현실로 구현하고 다른 사람들과 공유하는 것이 혁신입니다. 이를 통해 새로운 가치를 창출하고 다른 사람들에게 영향을 미칠 수 있습니다.

다. 창의적 변화와 혁신을 통한 자기 계발

(가) 학습과 지식 습득: 창의적 변화를 이끌어 내기 위해서는 지속적인 학습이 필수적입니다. 새로운 지식과 기술을 습득하면 문제를 해결하고 혁신적인 아이디어를 개발하는 데 도움이 됩니다.

(나) 자기 동기 부여와 열정: 창의적 변화와 혁신을 이끌어 내려면 자기 동기 부여와 열정이 필요합니다. 개인의 목표와 열망을 향상시키고, 자기 계발에 헌신할 수 있는 역량을 갖추는 것이 중요합니다.

(다) 아이디어 개발과 실험: 창의적 변화는 새로운 아이디어를 개발하고 실험하는 과정을 포함합니다. 이를 통해 새로운 솔루션을 찾고, 문제를 해결할 수 있는 능력을 키울 수 있습니다.

(라) 협업과 네트워킹: 혁신은 종종 다양한 분야의 전문가와의 협업을 필요로 합니다. 개인은 다른 사람들과 협력하고 연결하여 창의적 아이디어를 공유하고 발전시킬 수 있습니다.

제2항. 창의적 변화와 혁신을 향상시키는 방법

가. 미래 지향적 생각

미래를 예측하고 대비하기 위해서는 미래 지향적 생각이 필요합니다. 현재의 동향을 파악하고 미래의 트렌드를 예측하는 능력을 키우는 것이 중요합니다. 이를 통해 미래에 필요한 창의적인 해결책을 찾을 수 있습니다.

나. 실험과 실패 수용

창의적 변화와 혁신은 실험과 학습을 통해 이뤄집니다. 새로운 아이디어나 방법을 시험해 보고, 실패와 성공을 통해 배우는 것이 중요합니다. 실패는 새로운 시도의 출발점일 뿐, 그로부터 얻는 교훈을 통해 혁신을 이끌 수 있습니다. 새로운 아이디어를 테스트하고 실패를 허용하는 것은 성공으로 이끌 수 있는 길 중 하나입니다.

다. 다양한 관점 고려

창의적인 변화와 혁신을 이끌기 위해서는 다양한 관점을 고려해야 합니다. 다양한 배경과 경험을 가진 사람들과 협력하고, 다른 사람의 아이디어와 의견을 경청하는 것이 중요합니다. 이를 통해 새로운 아이디어를 발견하고 혁신적인 접근 방식을 찾을 수 있습니다.

라. 지식의 다양한 소스 활용

지식은 창의성과 혁신의 기반입니다. 다양한 정보와 아이디어에 노출되는 것이 중요합니다. 책, 강의, 뉴스, 전문 블로그, 사회적 네트워크, 회의 등 다양한 소스를 통해 다양한 관점을 습득하고, 이를 융합시킴으로써 새로운 아이디어를 빌진시길 수 있습나.

마. 문제 해결과 디자인 생각 능력 향상

문제 해결 능력과 디자인 생각을 통해 창의성과 혁신을 촉진할 수 있습니다. 문제를 분석하고 해결책을 찾는 과정에서 창의성이 발휘됩니다. 디자인 생각은 문제 해결과 혁신을 위한 강력한 방법 중 하나입니다. 개인은 디자인 생각 원칙을 활용하여 문제를 새로운 관점에서 바라보고 해결책을 창출할 수 있습니다. 또한, 디자인 생각을 통해 문제를 다양한 시각에서 접근하고, 사용자 중심의 솔루션을 찾는 데 도움을 줍니다.

바. 협업과 피드백 활용

혁신은 종종 다양한 관점과 아이디어를 통합하는 과정입니다. 협업과 피드백은 창의적 자기 계발을 위해 필수적인 도구로, 다른 사람들과의 협력과 피드백을 통해 아이디어를 발전시키고 혁신을 이끌어 낼 수 있습니다.

제3항. 창의적 변화와 혁신을 통한 지속적 자기 계발 전략

가. 목표 설정과 계획

지속적인 창의적 변화와 혁신을 통해 자기 계발을 지속적으로 추구하기 위해서는 명확한 목표와 계획이 필요합니다. 목표는 개인적이고 구체적이어야 하며, 달성 가능하고 측정 가능한 지표를 포함해야 합니다. 목표는 개인의 비전과 가치에 근거하여 설정되어야 하며, 계획은 목표를 달성하기 위한 체계적인 단계를 정의해야 합니다.

나. 지속적인 학습

창의적 변화와 혁신을 위해 학습은 핵심입니다. 지속적인 학습은 지식과 기술을 업데이트하고 비즈니스 환경에 맞게 적용하는 핵심 요소입니다. 온라인 강의, 세미나, 도서 등을 통해 지속적인 학습을 통해 자기 계발을 추구할 수 있습니다. 또한, 새로운 기술과 트렌드를 익히고 기존 지식을 확장하는 것도 중요합니다.

다. 실험과 실패 수용

자기 계발과 혁신은 실험과 실패의 과정을 포함합니다. 실패는 학습의 기회이며, 새로운 방식을 시도하고 실패를 통해 향상하는 데 도움이 됩니다. 개인은 두려움 없이 실험을 시도하고, 실패를 수용하며, 더 나은 결과를 위해 지속적으로 조정해야 합니다. 창의적인 변화와 혁신은 실패와 리스크를 동반합니다. 그러나 이러한 도전에 대한 두려움을 극복하고 실패를 배우는 기회로 바꾸는 것이 중요합니다. 자기 계발을 통해 실패를 통해 배우는 능력을 강화하고 리스크를 효과적으로 관리할 수 있습니다.

라. 열린 생각과 협업

열린 생각은 새로운 아이디어와 관점을 수용하는 데 도움이 되며, 협업은 다른 사람들과의 협력을 통해 새로운 아이디어를 발전시키고 구현하는 데 중요합니다. 자기 계발은 개인적인 능력뿐만 아니라 팀 내 협업 능력을 강화하는 것도 포함합니다. 효과적인 팀 빌딩과 의사소통 스킬을 개발하여 혁신적인 아이디어를 공유하고 팀원들과 협력하여 변화를 이끌어 내는 능력을 기우는 것이 중요합니다.

마. 문제 해결 능력 향상

자기 계발은 문제 해결 능력을 향상시키는 것도 포함합니다. 문제를 발견하고 창의적으로 해결하는 능력은 변화와 혁신을 이끌어 내는 핵심 역량입니다. 이를 위해 문제 해결 기술을 연마하고 실제 시나리오에서 적용하는 훈련이 필요합니다.

바. 지속적인 평가

자기 계발 전략을 평가하고 조정하는 것이 중요합니다. 성과를 측정하고 목표에 도달하기 위해 필요한 조치를 취하는 습관을 갖는 것이 자기 계발의 핵심입니다.

창의적 변화와 혁신은 우리의 미래를 개선하고 성공을 달성하기 위한 핵심 도구입니다. 창의적 자기 계발은 개인이 자신의 창의성과 혁신을 향상시키는 핵심 요소이며, 이를 통해 더 나은 세상을 만들어 갈 수 있습니다. 창의적 변화와 혁신은 개인의 창의적 자기 계발과 긴밀하게 연결되어 있습니다. 개인이 자신의 창의성을 키우고 새로운 아이디어를 현실로 구현하는 데 있어서, 우리는 끊임없는 호기심과 열린 마음을 가지고 실험적인 태도로 나아가야 합니다. 이는 새로운 아이디어를 개발하고 문제를 해결하며, 지속적인 성장과 발전을 추구하는 개인에게 큰 가치를 제공합니다.

창의적 변화와 혁신은 자기 계발을 지속적으로 향상시키는 데 필수적인 요소입니다. 이러한 능력을 키우기 위해서는 다양한 지식과 경험을 활용하고, 실험과 실패를 허용하며, 문제 해결과 디자인 생각을 강화하며, 지속적인 학습과 성장을 추구해야 합니다. 창의적 변화와 혁신을 통한 창의적이고 지속적인 자기 계발을 통해 우리 자신의 더 나은 미래를 창조하고, 개인적 목표를 달성하는 데 도움을 줄 수 있습니다.

제6절. 지속적인 자기 평가와 개선

지속적인 자기 평가와 개선은 우리의 개인적인 성장과 발전에 중요한 역할을 합니다. 이 절에서는 우리가 어떻게 자기 평가를 수행하고, 그를 통해 얻은 피드백을 토대로 어떻게 개선해 나갈 수 있는지 살펴보겠습니다.

제1항. 자기 평가의 방법과 과정

가. 자기 평가의 중요성

자기 평가는 개인의 성장과 발전에 필수적입니다. 자신의 강점과 약점을 파악하고, 무엇을 더 배울 필요가 있는지를 이해함으로써 우리는 개선의 방향을 설정할 수 있습니다. 다음은 자기 평가의 중요성을 강조하는 몇 가지 이유입니다.

(가) 목표 설정: 자기 평가를 통해 현재 위치를 파악하고, 미래의 목표를 설정할 수 있습니다. 목표를 설정하면 자신의 노력과 에너지를 효율적으로 사용할 수 있으며, 창의적인 방식으로 목표를 달성하기 위한 전략을 개발할 수 있습니다.

(나) 성장 기회 식별: 자기 평가를 통해 어떤 분야에서 개선이 필요한지 식별할 수 있습니다. 이를 통해 개선할 부분을 파악하고, 창의적인 해결책을 찾을 수 있습니다.

(다) 자기 인식 향상: 자기 평가는 자기 인식을 향상시키는 데 도움이 됩니다. 자기 인식이 높아지면 자신의 강점을 최대로 활용하고 약점

을 극복하는 방법을 찾을 수 있습니다.

나. 자기 평가의 방법

자기 평가를 실제로 수행하기 위해서는 몇 가지 방법과 도구를 활용할 수 있습니다.

(가) 일기 쓰기: 일기를 쓰면 일상생활에서의 경험과 감정을 기록하고, 자신의 성장과 발전에 대한 인사이트를 얻을 수 있습니다. 일기를 통해 생각을 정리하고 자기 인식을 향상시킬 수 있습니다.

(나) 목표와 진척도 추적: 목표를 설정하고 진척도를 추적하는 것도 자기 평가의 일환입니다. 목표와 진척도 추적을 통해 어떤 부분에서 성공하고 어떤 부분에서 개선이 필요한지를 파악할 수 있습니다.

(다) 피드백 요청: 주변 사람들로부터 솔직한 피드백을 요청하면 자신의 강점과 약점을 더욱 명확하게 이해할 수 있습니다. 피드백은 창의적 자기 계발의 중요한 도구 중 하나입니다.

다. 자기 평가의 과정

자기 평가는 단순한 과정이 아닙니다. 이를 효과적으로 수행하기 위해서는 다음과 같은 몇 가지 중요한 단계가 필요합니다.

(가) 목표 설정: 자기 평가의 시작은 목표 설정입니다. 이 목표는 개인적인 목표일 수도 있고, 직업적인 목표일 수도 있습니다. 어떤 측면을 평가하고 개선하고자 하는지 명확한 목표를 설정해야 합니다.

(나) 현재 상황 평가 및 데이터 수집: 다음으로, 현재 상황을 평가해야 합니다. 우리의 강점과 약점, 지식 수준, 기술, 경험 등을 고려하여 현재 위치를 파악합니다. 자기 평가를 위해 데이터 수집이 필요합니다. 이 데이터는 목표와 관련된 정보를 포함하며, 평가 기준을 정하는 데 도움이 됩니다.

(다) 평가: 데이터 수집 후, 자신을 정밀하게 평가해야 합니다. 이때 주관적인 편견을 제거하고, 객관적으로 자기를 바라봐야 합니다.

(라) 개선 계획 수립: 평가 결과를 기반으로 개선 계획을 수립합니다. 개선은 지식, 기술, 습관, 태도 등 다양한 영역에서 이루어질 수 있습니다.

(마) 실행과 재평가: 계획을 실행하고, 주기적으로 진행 상황을 평가합니다. 이 평가를 통해 우리는 계획을 조정하고 더 나은 결과를 얻기 위해 계속해서 노력할 수 있습니다.

제2항. 창의적 개선의 방법

지속적인 자기 평가는 창의적 개선을 이루어 내는 중요한 요소입니다. 우리는 항상 더 나은 비전의 자신을 만들기 위해 노력해야 합니다. 창의적 개선은 개인적인 만족감을 높이는 것뿐만 아니라, 직업적인 성공과 조직의 성과에도 긍정적인 영향을 미칩니다. 지속적이고 창의적인 개선을 이루어 내기 위해서는 다음과 같은 방법들을 고려할 수 있습니다.

가. 목표 설정

목표를 설정하고 그 목표를 달성하기 위해 계획을 세웁니다. 어떤 부분을 개선할 것인지 명확한 목표를 설정합니다. 목표를 달성하기 위한 구체적인 계획을 세웁니다. 어떤 단계를 거치고 언제까지 어떤 결과를 얻을 것인지 계획이 필요합니다.

나. 목표 지향적 행동 계획 수립

자기 평가를 통해 목표를 설정했다면, 다음 단계는 목표를 달성하기 위한 계획을 수립하는 것입니다. 이러한 계획은 구체적이고 현실적이어야 하며, 창의적인 방법을 사용하여 문제를 해결하고 성장의 기회를 찾을 수 있어야 합니다.

다. 자기 동기 부여

자기 평가와 개선은 노력과 인내를 필요로 합니다. 자신을 동기 부여하고 자신의 목표를 달성하기 위해 노력을 기울이는 것이 중요합니다.

라. 실험과 탐구

새로운 아이디어나 방법을 실험하고 탐구함으로써 창의적인 개선을 이룰 수 있습니다. 실패를 두려워하지 않고 새로운 것을 시도해 보는 태도가 중요합니다.

마. 지속적인 학습과 습관 개선

새로운 기술, 지식, 또는 스킬을 학습하고 습득함으로써 개선할 수 있습니다. 창의적 자기 계발은 지속적인 학습과 습관 개선을 필요로 합니다. 새로운 지식을 습득하고 새로운 기술을 마스터하는 것은 창의성을 향상시키고 개발하는 데 도움이 됩니다. 또한, 나쁜 습관을 교정하고 생산적인 습관을 형성하는 것은 창의적 자기 계발의 핵심입니다.

바. 지속적인 평가

자기 평가를 지속적으로 수행하고 개선을 지속적으로 추구해야 합니다. 창의적 자기 계발은 지속적인 프로세스이며, 성장과 발전을 위한 끊임없는 노력을 의미합니다.

제3항. 지속적인 자기 평가와 개선 전략

창의적 자기 계발은 일시적인 활동이 아닙니다. 지속적인 자기 평가와 개선이 필요합니다.

가. 주기적인 평가

자기 평가를 정기적으로 수행하는 것이 중요합니다. 주기적인 평가를 통해 진진 상황을 추적하고 조성할 수 있습니다.

나. 지속적인 개선

자기 평가는 개선의 첫 단계이지만, 그것만으로 충분하지 않습니다. 지속적인 개선은 우리가 더 나은 버전의 자신이 되기 위한 과정을 나타냅니다. 우리는 계속해서 성장하고 발전해야 합니다. 이것은 우리가 삶의 다양한 측면에서 더 나은 결과를 얻을 수 있도록 해 줍니다.

다. 실패와 학습

실패는 자기 평가와 개선의 일부입니다. 실패를 통해 우리는 어떤 부분에서 문제가 발생했는지 파악하고, 다음번에는 더 나은 결과를 얻을 수 있도록 조치를 취할 수 있습니다.

라. 자기 동기 부여

지속적인 자기 평가와 개선은 자기 동기 부여에도 도움을 줍니다. 진전이 보이면, 우리는 더 많은 동기 부여를 얻을 수 있습니다.

마. 지속적인 개선의 결과 공유

지속적인 개선을 통해 우리는 높은 자아 만족감을 느끼고 더 나은 결과를 얻을 수 있습니다. 우리의 능력과 자신감은 향상되며, 우리는 새로운 기회를 끌어들일 수 있습니다. 또한, 지속적인 개선은 우리가 더 큰 성취를 이룰 수 있게 해 주며, 더 나은 삶을 살 수 있도록 도와줍니다.

창의적 자기 계발을 위한 지속적인 자기 평가와 개선은 우리가 더 나은 버전의 자신으로 성장하는 핵심입니다. 지속적인 자기 평가와 개선은 우리의 성장과 발전을 이루어 낼 수 있는 중요한 도구입니다. 자기 평가를 통해 우리는 자신을 더 잘 이해하고 더 나은 방향으로 나아갈 수 있으며, 지속적인 개선은 우리가 더 나은 결과를 얻을 수 있도록 도와줍니다. 이러한 접근 방식을 통해 우리는 개인적인 만족감과 직업적인 성공을 실현할 수 있을 뿐만 아니라, 조직과 사회에도 긍정적인 영향을 미칠 수 있을 것입니다. 이러한 과정을 통해 우리는 더 나은 삶을 살 수 있으며, 자아 실현을 위한 길을 열어 갈 수 있습니다.

에필로그(Epilogue)

이 책의 저자로서, 나는 그동안의 글쓰기 과정에서 존재하지 않았던 독특한 협력 경험을 하였습니다. 인공 지능 모델인 ChatGPT는 저의 창의적인 고민과 필요에 따라 텍스트를 생성하는 데 도움을 주었습니다. 또한, ChatGPT는 제가 연구한 주제에 대한 추가 정보를 제공하고, 아이디어를 균형 있게 발전시키는 데에도 도움을 주었습니다. 그 결과, 이 책은 새로운 관점과 통찰력을 갖게 되었으며 더 풍부한 내용과 표현력을 가질 수 있었습니다.

하지만, 이 책의 작성은 ChatGPT의 지원만으로 이루어진 것이 아님을 강조하고 싶습니다. ChatGPT는 정보를 제공하는 데 도움을 주었지만, 이 책의 창작 아이디어, 구조, 스토리텔링, 그리고 전반적인 집필 과정은 저자 본인의 지식과 경험, 창작 의지와 글쓰기 역량을 반영한 것입니다. 저자는 ChatGPT가 출력한 텍스트를 검토하고 수정하여 적절한 문맥과 전문성을 유지하면서 최종적인 내용을 완성하였습니다. 따라서, 책의 내용은 저자 본인의 지식과 경험을 기반으로 작성되었으며, ChatGPT는 보조적인 역할을 수행한 것으로서, 저자의 창작적 노력이 이 책의 완성에 주된 역할을 하였음을 밝힙니다. 저자는 ChatGPT를 도구로 활용하면서도 언제나 인간 작가의 역량을 최대한 발휘하려고 노력했습니다. 따라서 ChatGPT 는 기술적인 도움을 주었지만, 이 책의 모든 창작 과정은 인간 작가의 창의성과 노력에 기반하고 있음을 다시 한번 강조하고 싶습니다.

이러한 AI와 인간 작가의 협업은 미래의 글쓰기와 예술 창작에 대한 새로운 가능성을 열어 놓고 있으며, 이 에필로그를 통해 그 여정을 기록하고자 합니다. 마지막으로, 이 책을 읽는 독자들에게 감사의 말씀을 전합니다. 여러분의 지속적인 지원과 이해에 힘입어 이러한 실험적인 작업을 이어 나갈 수 있었으며, 앞으로도 더 나은 글쓰기와 아이디어 공유를 위한 노력을 계속하겠습니다. 새로운 가능성을 탐험하는 이 행복한 여정에 함께해 주서서 감사합니다.